Cornel Germann
Michèle Sutter-Rüdisser
David Frick
Marius Klauser

Praxisleitfaden Swiss Code of Best Practice 2023

Corporate Governance in der Schweiz

Bibliografische Information der Deutschen Nationalbibliothek
Die Deutsche Nationalbibliothek verzeichnet diese Publikation in der Deutschen Nationalbibliografie; detaillierte bibliografische Daten sind im Internet über http://dnb.d-nb.de abrufbar.

Alle Rechte vorbehalten, insbesondere das Recht der Vervielfältigung, der Verbreitung und der Übersetzung. Das Werk oder Teile davon dürfen ausser in den gesetzlich vorgesehenen Fällen ohne schriftliche Genehmigung des Verlags weder in irgendeiner Form reproduziert (z.B. fotokopiert) noch elektronisch gespeichert, verarbeitet, vervielfältigt oder verbreitet werden.

© Stämpfli Verlag AG Bern · 2024
www.staempfliverlag.com

Print ISBN   978-3-7272-4312-7

Über unsere Online-Buchhandlung www.staempflishop.com
ist zudem folgende Ausgabe erhältlich:

E-Book ISBN   978-3-7272-5250-1

printed in
switzerland

Cornel Germann, Michèle Sutter-Rüdisser,
David Frick, Marius Klauser

Praxisleitfaden Swiss Code of Best Practice 2023

Vorwort

In der Schweiz gehört eine funktionierende «Good Corporate Governance» zu den Stärken des Wirtschaftsstandorts (Sutter-Rüdisser, 2017). Der Schweizer Governance-Ansatz ist ein wirksamer Kompromiss zwischen dem deutschen Governance-System (strikt vom Vorstand getrennter Aufsichtsrat) einerseits und dem angelsächsischen System (integrierter Verwaltungsrat) anderseits. Zudem basiert die Ausgestaltung der Governance-Systeme in den einzelnen Unternehmen auf gesetzlichen Grundlagen (Aktienrecht) und auf einer wirksamen Selbstregulierung. Letztere erfolgt insbesondere durch den Swiss Code of Best Practice (SCBP), der erstmals 2002 von economiesuisse erlassen und 2007 (Anhang 1) sowie 2014 («Minder-Initiative») überarbeitet wurde.[1]

Aufgrund Inkrafttretens des neuen Aktienrechts 2023 sowie des wirtschafts-, gesellschafts- und sozialpolitischen Dialogs der letzten Jahre, namentlich der erstarkten Bedeutung der Nachhaltigkeit, wurde beschlossen, den bestehenden SCBP aufzudatieren und zu überarbeiten. Die vorliegende Publikation «Praxisleitfaden Swiss Code of Best Practice 2023 – Corporate Governance in der Schweiz» basiert auf diesem neusten Stand der Selbstregulierung in der Schweiz und bezweckt nicht primär die Wiedergabe der Überlegungen der zuständigen Redaktionskommission von economiesuisse (Frick, 2023), sondern enthält weiter gehende Hinweise und Überlegungen, welche bei der Interpretation des neuen SCBP hilfreich sein können.

Die vorliegende Publikation zielt deshalb auf folgende Punkte ab:

– Eine stärkere Verankerung des SCBP in der Schweizer Wirtschaftslandschaft. Konkret werden die Hauptthemen des SCBP durch spezifische, auf das schweizerische Wirtschaftsumfeld bezogene Präzisierungen vertieft.

– Hintergrundinformationen zur Änderung des SCBP. Dabei wird auf den Zusammenhang mit der Revision des schweizerischen Aktienrechts und der Weiterentwicklung der sogenannten Best-Practice-Standards in der Corporate Governance eingegangen.

– Auseinandersetzung mit den Rechten von Aktionären und Stakeholdern insbesondere aus betriebswirtschaftlicher Sicht. Hierbei werden Richtlinien für einen fairen und langfristig orientierten Beziehungsaustausch bereitgestellt.

---

[1] Für weitere Hintergründe: Frick, D. (2014), Der neue Swiss Code of Best Practice for Corporate Governance 2014, GesKR, 2014/April, S. 431 ff.; Frick, D. (2022), der Swiss Code of Best Practice for Corporate Governance 2023 – Besteht Reformbedarf?, GesKR, 2022/Januar, S. 1 ff; sowie Frick D. (2023), Der Swiss Code of Best Practice for Corporate Governance 2023, GesKR2023/Januar, S. 100 ff.

- Die Weiterentwicklung der Corporate Governance als Leitprinzip für nachhaltiges wirtschaftliches Handeln von Schweizer Unternehmen. Dazu werden die Umwelt-, Sozial- und Governance-Debatte (ESG) und Erfahrungen aus internationalen und nationalen Regulierungsprojekten berücksichtigt.

Inhaltsverzeichnis

Vorwort V

Abkürzungsverzeichnis IX

Literaturverzeichnis XI

I. **Einführende Bemerkungen** 1
   A. Ursprung und Ordnungsrahmen der Corporate Governance 1
      1. Stakeholder-Community 2
      2. Environmental (E), Social (S) und Governance (G) 3
   B. Themenerweiterung des Swiss Code of Best Practice 2023 5

II. **Aktionariat, Generalversammlung und Multi-Stakeholder-Community** 7
   A. Stärkung des Aktionariats 7
      1. (Pro)Aktiver Austausch mit Aktionären und weiteren Stakeholdern 8
      2. Berücksichtigung der Entwicklungen zur Nachhaltigkeit .. 9
   B. Bedeutung und Ausgestaltung der Generalversammlung 11
   C. Verstärkter Einbezug der Stakeholder-Community 13
   D. Proxy Advisors 15

III. **Verwaltungsrat** 17
   A. Aufgaben des Verwaltungsrats, Präsidiums und Vizepräsidiums 17
   B. Zusammensetzung des Verwaltungsrats 21
   C. Lead Independent Director 24
   D. Arbeitsweise von Präsidium und Vizepräsidium und Mitgliedern des Verwaltungsrats 25
   E. Interessenkonflikte 27
   F. Unternehmenskultur 29

IV. **Verwaltungsratsausschüsse und Zusammenspiel mit interner und externer Assurance** 31
   A. Formale und konzeptionelle Bildung der Ausschüsse 31
   B. Prüfungsausschuss 32
      1. Unabhängige externe Prüfungen 33
      2. Interne Revision und internes Kontrollsystem 34
      3. Berichterstattung und Offenlegung 35
   C. Vergütungsausschuss 39
      1. Vergütungspolitik 40
      2. Vergütungssystem 40
      3. Vergütungsbericht 42

D.	Nominationsausschuss	43
	1. Nachfolgeplanung auf Stufe Verwaltungsrat und Geschäftsleitung	44
	2. Beizug Personalberatung für Verwaltungsrat und Geschäftsleitung	45
E.	Weitere Ausschüsse	46
	1. Strategieausschuss	46
	2. Technologieausschuss	47
	3. Nachhaltigkeitsausschuss	47
	4. Risiko- und Finanzausschuss	48

V. Geschäftsleitung ... **49**
   A. Aufgaben und Zusammensetzung ... 49
   B. Zusammenspiel mit Präsidium, Verwaltungsrat und Ausschüssen ... 51

VI. Abschliessende Bemerkungen ... **53**
   A. Adaption des Swiss Code of Best Practice für private, nicht börsenkotierte Gesellschaften ... 53
   B. Die Wichtigkeit einer verantwortungsvollen Selbstregulierung ... 54

Anhang: Swiss Code of Best Practice 2023 ... **57**

Abkürzungsverzeichnis

BEHG	Bundesgesetz über die Börsen und den Effektenhandel
CEO	Chief Executive Officer
CFO	Chief Financial Officer
CSR	Corporate Social Responsibility
ESG	Environmental (E), Social (S) and Governance (G)
EU	Europäische Union
FINMA	Eidgenössische Finanzmarktaufsicht
IKS	Internes Kontrollsystem
IR	Investor Relations
KMU	Kleine und mittlere Unternehmen
NGO	Non-Governmental Organizations (zu Deutsch: Nichtregierungsorganisationen)
OR	Schweizerisches Obligationenrecht
SCBP	Swiss Code of Best Practice
TCFD	Task Force on Climate Related Financial Disclosures
VegüV	Verordnung gegen übermässige Vergütungen bei börsenkotierten Aktiengesellschaften
Abs.	*Absatz*
Art.	*Artikel*
bzw.	*beziehungsweise*
ca.	*cirka*
etc.	*et cetera*
ff.	*fortfolgende*
i. d. R.	*in der Regel*
inkl.	*inklusive*
sog.	*sogenannt*
u. a.	*unter anderem*
vgl.	*vergleiche*
z. B.	*zum Beispiel*
Ziff.	*Ziffer*

Literaturverzeichnis

Beil, J., Klauser M. & Prosperi S. (2023). Nachhaltigkeitsdienstleistungen für mehr Kundenrelevanz und Arbeitgeberattraktivität, Expert Focus, 2023/August, S. 366–372.

Berle, A. & Means, G. (1939). The Modern Corporation and Private Property. New York: Macmillan.

Bhagat, S. & Elson, C. M. (2021). Why Executive Compensation Clawbacks Don't Work. Harvard Business Review. Downloaded from: https://hbr.org/2021/03/why-executive-compensation-clawbacks-dont-work.

Böckli, P. (2022). Schweizer Aktienrecht (5. Auflage). Schulthess: Zürich.

Brondoni, S. M., Bosetti, L. & Civera, C. (2019). Ouverture de «CSR and Multi-Stakeholder Management». Symphonya Emerging Issues in Management, 1, pp. 1–15.

Bühr, D. L. (2022, 15. Januar). Good Governance von Aufsicht und Kontrolle im Unternehmen, Schweizerische Juristen-Zeitung, 2022/Januar.

Bujaki, M. & McConomy, B. J. (2002). Corporate Governance: Factors Influencing Voluntary Disclosure by Publicly Traded Canadian Firms. Canadian Accounting Perspectives, 1(2), pp. 105–139.

Cadbury, A. (1990). The company chairman. Director Books: New Jersey.

CDSB (2019). Understanding the value of transparency and accountability. Retrieved from: https://www.cdsb.net/sites/default/files/understanding_the_value_of_transparency_and_accountability_report.pdf

CFA Institute 2020. Audit Committee Role & Responsibility. Downloaded from: https://rpc.cfainstitute.org/en/policy/positions/audit-committee-role-practices

Charan, R., Barton, D. & Carey, D. (2015). People Before Strategy: A New Role for the CHRO. Harvard Business Review, 2015/July–August.

Dehnen, P. (2019). Der professionelle Aufsichtsrat. Basiswissen für die Praxis. Ein 360'-Überblick. Spezialwissen für Ihre Überwachungspraxis. Frankfurt: Frankfurter Allgemeine Buch.

Deloitte (2012). Risk committee resource guide for boards. Downloaded from: https://www2.deloitte.com/az/en/pages/governance-risk-and-compliance/articles/the-risk-committee-resource-guide-boards.html.

Department for Business, Energy & Industrial Strategy (2022). Restoring trust in audit and corporate governance. Downloaded from: https://assets.publishing.service.gov.uk/government/uploads/system/uploads/attachment_data/file/1079594/restoring-trust-in-audit-and-corporate-governance-govt-response.pdf.

Doldor, E., Vinnicombe, S., Gauglan, M. & Sealy, R. (2012). Gender Diversity on Boards: The Appointment Process and the Role of Executive Search Firms. Equality and Human Rights Commission Research report, 85.

Ejderyan, O., Geiser, U. & Zaugg Stern, M. (2006). Stakeholder als sozialwissenschaftliches Konzept: Begrifflichkeit und Operationalisierung. Zurich Open Repository and Archive, University of Zurich: Zurich.

Elliott, R. K. & Jacobson, P. D. (1994). Costs and benefits of business information. Accounting Horizons, 8(4), pp. 80–96.

Facincani, N. (2019, 10. Juli). Der Präsident des Verwaltungsrates. Arbeitsrecht Aktuell. Abgerufen von: https://www.arbeitsrecht-aktuell.ch/de/2019/07/14/der-praesident-des-verwaltungsrates/.

Fernandez, W. D. & Thams, Y. (2019). Board diversity and stakeholder management: the moderating impact of boards' learning environment. The Learning Organization, 26(2), pp. 160–165.

Financial Reporting Councel (FRC) (2016). Feedback Statement: UK Board Succession Planning: Discussion Paper. Downloaded from: https://www.frc.org.uk/Feedback-statement-on-Succession-Planning-Discussion-Paper-May-2016.pdf.

Forstmoser, P. (2002). Interessenskonflikte von Verwaltungsratsmitgliedern. In: Zobl, D., Vogt, N. P., & Schulin, H. (Hrsg.). Der Allgemeine Teil und das Ganze : Liber Amicorum für Hermann Schulin (S. 6–23). Helbling & Lichtenhahn: Basel.

Freeman, R. & Reed, D. (1983). Stockholders and Stakeholders: A New Perspective on Corporate Governance. California Management Review, 25(3), pp. 88–106.

Frick, D. (2023). Der Swiss Code of Best Practice for Corporate Governance 2023, GesKR 1/2023, pp. 100–106.

Friedman, M. (1970, 13 September). The Social Responsibility of Business is to Increase its Profits. The New York Times.

Gabrielsson, J., Huse, M. & Minichilli, A. (2007). Understanding the leadership role of the board chairperson through a team production approach. International Journal of Leadership Studies, 3(1), pp. 21–39.

Geertz, C. (1974). The Interpretation of Cultures: Selected Essays. Basic Books: New York.

Germann, C. (2021). Teeter-Totter in Discretionary Disclosure: Why Firms Should Extend Board Succession and Composition Reporting. In: Network for Innovative Corporate Governance, Board Dynamics, 2021 (1), pp. 18–21.

Germann, C. (2022). A Multi-stakeholder Approach: Is the Role of the Modern Stakeholder Changing to one with Corporate Influence? In: Network for Innovative Corporate Governance, Board Dynamics, 2022 (2), pp. 4–11.

Germann, C. (2023). Chairperson Succession: Competences, Moderators, and Disclosure. Springer Gabler: Wiesbaden.

Germann, C. & Horber, F. (2023). Mind the Gap: Expectation Discrepancy in Board Work Practices. In: Network for Innovative Corporate Governance, Board Dynamics, 2023 (1), pp. 4–10.

Graham, J. R., Grennan, J., Harvey, C. R. & Rajgopal, S. (2022). Corporate Culture: The Interview Evidence. Journal of Corporate Finance, 34, pp. 22–41.

Groysberg, B., Lee, J., Price, J. & Cheng, Y-J. (2018). The Leader's Guide to Corporate Culture. Harvard Business Review, 2018/January–February.

Gubler, S. (2020, 10. Februar). Wenn Verwaltungsräte zu viele Interessen haben. Neue Zürcher Zeitung.

Harrison, J. S. & Wicks, A. C. (2021). Harmful Stakeholder Strategies. Journal of Business Ethics, 169, pp. 405–419.

Healy, P. M. & Palepu, K. (2001). Information Asymmetry, Corporate Disclosure and the Capital Markets: A Review of the Empirical Disclosure Literature. Journal of Accounting and Economics, 31(1-3), pp. 405–440.

Hiebl, M. R. W. (2013). Bean counter or strategist? Differences in the role of the CFO in family and non-family businesses. Journal of Family Business Strategy, 4(2), pp. 147–161.

Hofstede, G. H. (2010). Cultures and Organizations: Software of the Mind (3rd. edition). McGraw-Hill Education: New York.

Hofstetter, K. (2014). Swiss Code of Best Practice for Corporate Governance 2014. Grundlagenbericht zur Revision. Abgerufen von: https://www.economiesuisse.ch/sites/default/files/publications/swiss-code-bestpractice-basic-report-de.pdf.

Horber, F. (2021). Spielregeln der Generalversammlung auf dem Prüfstand. In: Network for Innovative Corporate Governance, Board Dynamics, 2021 (2), S. 45–56.

Hungerbühler, I. W. (2003). Der Verwaltungsratspräsident. Dissertation, Universität Zürich: Zürich.

Huse, M., Minichilli, A. & Schøning, M. (2005). Corporate boards as assets for operating in the New Europe: The value of process-oriented boardroom dynamics. Organizational Dynamics, 34, pp. 285–297.

Ingenbleek, P. T. M. & Immink, V. M. (2010). Managing Conflicting Stakeholder Interests: An Exploratory Case Analysis of the Formulation of Corporate Social Responsibility Standards in the Netherlands. Journal of Policy & Marketing, 29(1), pp. 52–65.

Ingold, S. M. (2021, 25. August). Es wird unendlich viel über sie gesprochen. Und manche verdienen auch sehr viel Geld mit ihr. Aber was ist das eigentlich: Unternehmenskultur? Neue Zürcher Zeitung.

Institute of Directors Southern Africa (2018). Remuneration Committee Competence Profile. Downloaded from: https://cdn.ymaws.com/www.iodsa.co.za/resource/collection/57F28684-0FFA-4C46-9AD9-EBE3A3DFB101/Paper_8_Remuneration_Committee_Competence_Profile.pdf.

International Finance Corporation (2021). Sustainability Committees: Structure and Practices. Downloaded from: https://www.ifc.org/wps/wcm/connect/40678b48-7b88-4144-bb0c-ca0bc433e7b0/Focus-15-Sustainability-Committees.pdf?MOD=AJPERES&CVID=nEqC1vz.

Jensen, M. C. & Mecklings, W. H. (1976). A Theory of the Firm. Managerial Behaviour, Agency, Costs and Ownership Structure. Journal of Financial Economics, 3(4), pp. 305–360.

Kaczmarek, S., Kimino, S. & Pye, A. (2012). Antecedents of Board Composition – The Role of Nomination Committees. Corporate Governance: An International Review, 20(5), pp. 474–489.

Kakabadse, A., Kakabadse, N. & Barratt, R. (2006). Chairman and chief executive officer (CEO): That sacred and secret relationship. Journal of Management Development, 25(2), pp. 134–150.

Kambil, A. & Melnikov, R. (2015). CFO Insights. What audit committees want from CFOs. Downloaded from: https://www2.deloitte.com/us/en/pages/finance/articles/cfo-insights-audit-committees.html.

Kay, J. (2012). Obliquity: Why Our Goals Are Best Achieved Indirectly. Penguin Books: London.

Keay, A. (2014). Comply or Explain in corporate governance codes: in need of greater regulatory oversight? Legal Studies, 34(2), pp. 279–304.

Klauser, M. (2021). Reflactive Leadership – from purpose to impact. Ein Leitfaden zum Führen mit Menschlichkeit UND Wirtschaftlichkeit. Tredition: Hamburg.

Klauser, M. (2023a). From Good to Great Practice in Corporate Governance, Expert Focus, 2023/April, S. 160–169.

Klauser, M. (2023b, 6. April). Wegweisende externe Prüfung, Handelszeitung.

Korn Ferry (2019). Non-Executive Directors in Europe 2019. Pay practices, structures and diversity of leading European companies. Downloaded from: https://infokf.kornferry.com/rs/494-VUC-482/images/191206-KF%20-%20NED%20report%202019%20-%20LR%20SPREAD%20mail.pdf.

Krause, R., Semadeni, M. & Canella, A. A. (2013). CEO Duality: A Review and Research Agenda. Journal of Management, 40(1), pp. 256–286.

Leube, B. (2012). Personelle Besetzung des Aufsichtsrates: Qualifikationsanforderungen und Auswahl der Aufsichtsratsmitglieder. In J. Grundei & P. Zaumseil (Hrsg.), Der Aufsichtsrat im System der Corporate Governance (S. 201–219). Springer Gabler: Wiesbaden.

Luoma, P. & Goodstein, J. (1999). Stakeholders and Corporate Boards: Institutional Influences on Board Composition and Structure. Academy of Management Journal, 42(5), pp. 553–566

McKinsey & Company (2021, 26 April). From principle to practice: Making stakeholder capitalism work. Downloaded from: https://www.mckinsey.com/capabilities/strategy-and-corporate-finance/our-insights/from-principle-to-practice-making-stakeholder-capitalism-work#/.

McKinsey & Company (2022). How effective boards approach technology governance. Downloaded from: https://www.mckinsey.com/capabilities/mckinsey-digital/our-insights/how-effective-boards-approach-technology-governance.

Müller, R., Lipp, L., Plüss A. & Akeret, F. (2019). Befähigung des Verwaltungsrats. Unmittelbare und mittelbare Anforderungen an die Befähigung des VR-Mitglieds. Expert Focus, 2019/Dezember, S. 952–959.

Müller, R., Lipp, L. & Plüss, A. (2021). Der Verwaltungsrat: Ein Handbuch für Theorie und Praxis (5. Auflage). Schulthess: Zürich.

National Association of Corporate Directors. (2011). Key Agreed Principles. Downloaded from: https://www.nacdonline.org/all-governance/governance-resources/governance-research/future-of-the-american-board---reports/key-agreed-principles/

Piwinger, M. (2009). IR als Kommunikationsdisziplin. In: Kirchhhof, K. R. & Piwinger, M. (Hrsg.), Praxishandbuch Investor Relations (2. Auflage, S. 13–33). Springer Gabler: Wiesbaden.

Plouhinec, M. (2018). The Role of the Lead Independent Director. Harvard Law School Forum on Corporate Governance. Downloaded from: https://corpgov.law.harvard.edu/2018/11/25/the-role-of-the-lead-independent-director/.

Rose, C. (2016). Firm performance and Comply or Explain disclosure in corporate governance. European Management Journal, 34(3), pp. 202–222.

Rothwell, W. J. (2005). Effective Succession Planning: Ensuring Leadership Continuity and Building Talent from Within (3rd Edition). Amacom: New York.

Rüdisser, M. F. (2009). Boards of Directors at Work: An Integral Analysis of Nontransferable and Inalienable Duties under Swiss Company Law from an Economic Perspective. Dissertation, Universität St. Gallen: St. Gallen.

Rüdisser, M. F. & Sutter, R. (2012). Verwaltungsratstätigkeit im Konzernverhältnis: Sorgfalts- und Treuepflichten im Spannungsfeld zu den Konzerninteressen. Der Schweizer Treuhänder (2012/Mai), S. 372–375.

Salancik, G. R. & Meindl, J. R. (1984). Corporate attributions as strategic illusions of management control. Administrative Science Quarterly, 29, pp. 238–254.

Schenker, U. (2015). Verwaltungsrat in der Praxis – Rechtliche Anforderungen. Downloaded from: https://www.walderwyss.com/user_assets/publications/1697.pdf.

Schepker, D. J., Nyberg, A. J., Ulrich, M. D. & Wright, P. M. (2018). Planning for Future Leadership: Procedural Rationality, Formalized Succession Processes, and CEO Influence in CEO Succession Planning. Academy of Management Journal, 61(2), pp. 523–552.

Sethe, R. (2018). Die Regelung von Interessenkonflikten im Aktienrecht de lege lata und de lege ferenda, Schweizerische Zeitschrift für Wirtschafts- und Finanzmarktrecht, 2018/April, S. 375–392.

Simmons, O. S. (2019). Forgotten Gatekeepers: Executive Search Firms and Corporate Governance. Wake Forest Law Review, 54(3), pp. 807–858.

Smith, A. (1776). The Wealth of Nations. London: W. Strahan and T. Cadell.

Sonnenfeld, J. A. (2002). What Makes Great Boards Great. Harvard Business Review, 2002/September.

SpencerStuart (2022). The CHRO Playbook: Getting Off to a Strong Start as a New Chief Human Resources Officer. Downloaded from: https://www.spencerstuart.com/-/media/2021/december/chro_playbook/the_chro_playbook.pdf.

Springman, J. (2011). Implementing a Stakeholder Strategy. Harvard Business Review, 2011/July.

Sutter-Rüdisser, M. F. (2021). Kognitive Diversität als Schlüssel zum Erfolg einer innovativen Corporate Governance. KPMG Board Leadership Center.

Sutter-Rüdisser, M. F. (2014). Mission Impossible? Multilevel-Regulierung als Antwort auf eine zeitgemässe Corporate Governance. Der Schweizer Treuhänder, 2014/Mai, S. 431–434.

Sutter-Rüdisser, M. F. (2016). Vom Damoklesschwert über dem Schweizer Verwaltungsrat und was wirklich zählt. In: Kalss, S. & Kunz, P. (Hrsg.). Handbuch für den Aufsichtsrat, (2. Auflage, S. 1715 ff.). Facultas: Wien.

Sutter-Rüdisser, M. F. (2017). Corporate Governance 4.0. Ein Plädoyer für «besser anstelle von mehr». Expert Focus 2017/Oktober, S. 713–715.

Sutter-Rüdisser, M. F. & Sutter, R. (2014). Effektive Meinungsbildung im Board – Vom Reden, Diskutieren und Abstimmen. Board, 2014/Mai, S. 210 ff.

SwissHoldings (2020, 29. Mai). Empfehlungen SwissHoldings Motion Minder (19.4122) Betreffend Stimmrechtsberater; Eingabe an den Nationalrat im Hinblick auf die Beratung vom 3. Juni 2020. Abgerufen von: https://swissholdings.ch/empfehlungen-swissholdings-motion-minder-19-4122-betreffend-stimmrechtsberater-eingabe-an-den-nationalrat-im-hinblick-auf-die-beratung-vom-3-juni-2020/.

Vallejo, N. & Hauselmann, P. (2004). Governance and Multi-stakeholder Processes. In: United Nations Conference on Trade and Development, 2004/October.

Von der Crone, H. C. (2020). Aktienrecht (2. Auflage). Stämpfli: Zürich.

Wang, G., DeGhetto, K., Parker Ellen, B. & Lamont, B. T. (2019). Board Antecedents of CEO Duality and the Moderating Role of Country-level Managerial Discretion: A Meta-analytic Investigation, Journal of Management Studies, 56(1), pp. 172–202.

Weisblat, I. A. (2018). Literature Review of Succession Planning Strategies and Tactics. In P. A. Gordon & J. A. Overbey (Eds.), Succession Planning: Promoting Organizational Sustainability (pp. 11–22). Palgrave Macmillan: London.

Weissenrieder, J. (2014). Nachhaltiges Leistungs- und Vergütungsmanagement. Springer Gabler: Wiesbaden.

Winter, J. W. & van de Loo, E. (2012). Board on Task: Developing a Comprehensive Understanding of the Performance of Boards. In M. Belcredi & G. Ferrarini (Eds.), Boards and Shareholders in European Listed Companies (pp. 225–250). Cambridge University Press: Cambridge.

Wommack, W. W. (1979). The Board's Most Important Function. Harvard Business Review, 1979/September.

I. Einführende Bemerkungen

Den Swiss Code of Best Practice (SCBP) bestmöglich im Sinne von Wirtschaft, Politik und Gesellschaft anzuwenden, benötigt Hintergrund- und Ergänzungsinformationen. Diese Einbettung in einen grösseren Kontext hilft, Dynamiken von Unternehmensentwicklungen zu verstehen und interne sowie externe Drittperspektiven differenzierter wahrzunehmen und zu nutzen. Nur so können Best Practices im Sinne aller Anspruchsgruppen weiterentwickelt werden.

Die vorliegende Publikation fokussiert dabei auf zwei Aspekte:

- Die Vertiefung der Themenerweiterungen des im Februar 2023 veröffentlichten, neu überarbeiteten SCBP von economiesuisse und
- Die Vertiefung von Methoden und Richtlinien zur Anwendung und Förderung von guten Corporate-Governance-Praktiken in der Schweizer Unternehmenslandschaft.

A. Ursprung und Ordnungsrahmen der Corporate Governance

Historisch ist der Diskurs der Corporate Governance auf das 16. Jahrhundert mit den Unternehmensgründungen wie von Hudson's Bay Company, India East Company und Levant Company zurückzuführen; u. a. bestehend auf der noch heutig gültigen Rechtskonformität.[2] Mit Ableitung,

- des «Homo Oeconomicus» (Smith, 1776) und der damit einhergehenden Trennung von Aktionariat (Unternehmenseigentum) und Verwaltungsrat/Management (Unternehmensleitung) infolge der aufkommenden Börsenkotierungen (Berle & Means, 1939);
- des Wall Street Crashs in den 1920er-Jahren und die daraus sich ergebende globale wirtschaftliche Depression, und
- den Ansprüchen nach Eigentumsrechten und Aktienwerten und dessen Reformation in den 1970er-Jahren (Jensen & Mecklings, 1976),

hat sich die Corporate Governance im Laufe der Zeit stetig gewandelt und weiterentwickelt. Verbunden mit den nachkommend aus diesem Kontext geführten theoretischen sowie sozial- und gesellschaftspolitischen Dialogen,

---

[2] Für einen historischen Überblick: Sutter-Rüdisser, M. F. & Germann, C. (2021). Good Corporate Governance – Essenz einer kurzen historischen Reflektion. VM – Fachzeitschrift für Verbands- und Nonprofit-Management, 2021/1.

entfalteten sich vermehrt Best-Practice-Richtlinien zur Bestimmung der Effektivität und Effizienz bestimmter Corporate-Governance-Prozesse: American Bar Association's Corporate Director's Guidebook (1978), Cadbury Report (1992), Greenbury Report (1998), Blue Ribbon Committee Report (1998), Hampel Report (1999), Turnbull Report (2003), Higgs Report (2003), und Smith Report (2003). Die Schweiz folgte diesem Trend durch die Einführung des SCBP (2002).

Grundsätzlich hatten alle Codizes/Reports das Ziel, liberale Freiheiten zu beschränken, gleichzeitig aber auch unternehmerische Handlungsspielräume zu bewahren mittels wirksamer Selbstregulierung und somit sich auch gegenüber den divergierenden Aktionärs- vs. Stakeholderinteressen zu positionieren (Sutter-Rüdisser, 2014). Die Corporate-Governance-Diskussion erhielt insbesondere durch die stärkere Involvierung von institutionellen Investoren, Risikokapitalgebern, Stimmrechtsberatern (sog. Proxy Advisors), Stakeholderaktivisten sowie die Unternehmensskandale und Finanzkrise einen regelrechten Auftrieb. So gibt es heute weltweit über 500 Corporate-Governance-Codizes.[3]

Im Hinblick der Entwicklung der Corporate Governance ist insbesondere die «Dimensionserweiterung» eindrücklich. Standen anfänglich noch Steuerungs- und Kontrollmechanismen im Vordergrund, sind heutzutage zusätzlich Organisationsstrukturen, Entscheidungsfähigkeit und Effizienz, Transparenz, Ausgewogenheit und Beziehungsmechanismen zu Aktionären und der Multi-Stakeholder-Community integriert (Sutter-Rüdisser, 2016). Corporate Governance hat dadurch nicht nur eine Konformitäts-/Compliance-Dimension, sondern zunehmend auch eine strategische und kulturelle Dimension. Corporate Governance als Leitidee für unternehmerische Tätigkeiten unter dem reformierten SCBP wurde einerseits mit dem Faktor Multi-Stakeholder-Community erweitert und andererseits mit der Nachhaltigkeit (ökologische, soziale und wirtschaftliche Balance dank wirksamer Governance) verstärkt. Zum besseren Verständnis gilt es deshalb, die beiden Faktoren zu erläutern, um einen «Common Ground» zu erzeugen.

1. Stakeholder-Community

Anfang der 1980er-Jahre stellten Milton Freedman und David Reed mit der Einführung des Begriffs der Stakeholder erstmals die These zur notwendigen Integration einer Vielzahl von Anspruchsgruppen auf Unternehmensebene auf

---

[3] Für einen Überblick zu den Corporate-Governance-Codizes, siehe European Corporate Governance Institute (ECGI): https://www.ecgi.global/content/codes.

(Freeman & Reed, 1983). Entgegen der damalig vorherrschenden Milton-Doktrin «The Social Responsibility of Business is to Increase its Profits», ist es für den Fortbestand und die nachhaltig wirtschaftliche Entwicklung des Unternehmens entscheidend, das unternehmerische Handeln auf alle Anspruchsgruppen auszurichten (u. a. auf die sog. Non-Shareholder Stakeholder; Friedman, 1970). Dies fördert die gesellschaftliche Legitimation und Effizienz (Vallejo & Hauselmann, 2004). Diesen Unternehmensprozess anzustossen, benötigt eine «Bewusstseinsförderung» des Verwaltungsrats und eine strategische Einbettung in die Unternehmensziele. Die Schwierigkeit in der Stakeholder-Einbettung liegt nicht darin, die Multi-Stakeholder-Community prioritär zu adressieren (Stichworte «the Wide Sense of Stakeholder» und «the Narrow Sense of Stakeholder»), sondern den Umgang mit den vielfältigen, teilweise auch divergierenden Interessenlagen (Germann, 2022, S. 66 ff.). Das Interagieren mit solch diversen Interessen bedeutet ein Balanceakt zwischen dem kommerziellen vs. nicht kommerziellen Interessen, was sich oftmals auch in gesellschafts- und branchenübergreifenden Partnerschaften erschliesst (Brondoni, Bosetti & Civera, 2019). Die daraus entstehenden Forderungen erhöhen die Komplexität der Verwaltungsratsarbeit (Ingenbleek & Immink, 2010).

2. Environmental (E), Social (S) und Governance (G)[4]

ESG sind Standards für die nicht finanzielle Berichterstattung eines Unternehmens, die ergänzend zur wirtschaftlichen Dimension und der entsprechenden finanziellen Berichterstattung zu berücksichtigen sind. Nicht finanzielle Überlegungen stehen eng im Zusammenhang mit der Corporate Social Responsibility (CSR).[5] Besonders sozial bewusste Stakeholder verwenden die drei Dimensionen – ESG – zur Identifikation von Risiken- und Wachstumschancen und zur Prüfung potenzieller Investitionen und Geschäftsbeziehungen. ESG entwickelten sich ursprünglich aus ökologisch-sozial orientierten Anlagephilosophien. Zu Beginn mit Zweck zum Ausschluss (sog. herausfiltern) von Unternehmen mit Bedenken im ökologisch-sozialen Businessumfeld (negative Betrachtung), profilierten sich ESG im aktuellen Wirtschaftsgeschehen mehrheitlich in der mehrdimensionalen strategischen Unternehmenspositionierung und -steuerung (positive Betrachtung). Die ESG-Details (Nachhaltig-

---

[4] ESG zu Deutsch: Umwelt, Soziales und Unternehmensführung.
[5] CSR zu Deutsch: die Wahrnehmung der gesellschaftlichen Verantwortung von Unternehmen im nachhaltigen Wirtschaften.

keitsstandards/Metrics) sind international und in der EU in der Bearbeitung weit fortgeschritten, aber noch nicht abschliessend vorliegend. Die Schweiz ihrerseits beschäftigt sich schon seit einiger Zeit mit dieser Thematik und wird in weiteren politischen Diskussionen Auslandskompatibilität und KMU-Praktikabilität sicherzustellen haben (Beil, Klauser & Prosperi, 2023, S. 86 ff.).

Im ESG-Kern sind folgende Aspekte unter den einzelnen Themen inkludiert (Bergman et al., 2020):

– E: Energieverbrauch und -effizienz, CO_2-Emissionen, Biodiversität, Klima- und Umweltschutz sowie Abfallmanagement und Wasserverbrauch.

– S: Arbeitsnormen, Löhne und Sozialleistungen, Vielfalt am Arbeitsplatz und in der Unternehmensleitung («Diversity and Inclusion»), Lohngleichheit, Menschenrechte, Beziehungen zum öffentlichen Gemeinwesen, Privatsphäre und Datenschutz, Gesundheit und Sicherheit sowie generelle Fragen zum Humankapital und der sozialen Gerechtigkeit.

– G: Aufbau der Unternehmensorganisation, Zusammensetzung und Struktur des Verwaltungsrats, die Überwachungs- und Führungsfunktionen zur Einhaltung und Förderung strategischer Stossrichtungen, Vergütung von Führungskräften, politische Beiträge/Lobbying sowie Bestechung und Korruption.

Im neuen SCBP zeigt sich diese Dimensionserweiterung unter dem Titel «Corporate Governance als Leitidee». Unternehmerische Tätigkeit ist nachhaltig, wenn dabei die Interessen der verschiedenen Anspruchsgruppen im Unternehmen berücksichtigt und wirtschaftliche, soziale sowie ökologische Ziele ganzheitlich angestrebt werden. Zwar geht es immer noch um die gute Unternehmensführung, aber diese wird nicht mehr beschränkt auf das Zusammenwirken von Verwaltungsrat, Geschäftsleitung und Aktionären. Corporate Governance wird auf das Ziel des nachhaltigen Unternehmensinteresses ausgerichtet und als wesentliche Voraussetzung für den unternehmerischen Erfolg und die nachhaltige Steigerung des Unternehmenswertes bewertet (Frick, 2023, S. 101). Dadurch wird mit der weiterentwickelten Best Practice in Corporate Governance nicht nur der Aspekt der Effizienz (gute Unternehmensführung), sondern auch jener der Effektivität (richtige Unternehmensführung) adressiert (Klauser, 2023a, S. 164, Abbildung 3).

B. Themenerweiterung des Swiss Code of Best Practice 2023

Der SCBP wurde thematisch um diverse Themen erweitert, um den Entwicklungen in der Corporate Governance, national sowie international, Rechnung zu tragen. Die Themen umfassen in der Kurzübersicht:

- Aktionäre und Multi-Stakeholder-Community:
Stärkere Stellung der Aktionariatsinteressen und Mitwirkungsrechte im Hinblick auf ökologische, soziale und gesellschaftspolitische Entwicklungen, inkl. Einbezug der Multi-Stakeholder-Community.

- Generalversammlung:
Erweiterung von Form, Umfang und Kommunikation im Hinblick der Generalversammlung, inkl. Vereinfachung der Ausübungsrechte (Wille und Mehrheit) und Partizipation des Aktionariats.

- Verwaltungsrat:
    - Erweiterung des Aufgabenspektrums, u. a. im Hinblick auf Unternehmenskultur, Nachhaltigkeit.
    - Erweiterung der Ausgestaltung, u. a. Diversität, Nachfolgeplanung, Quotas, Unabhängigkeit, Interessenkonflikte.
    - Erweiterung der zeitlichen Verfügbarkeit, u. a. externe Tätigkeiten Engagement/Performance, Assessment-Kriterien.

- Ausschüsse des Verwaltungsrats:
Formale und konzeptionelle Bildung und Einbettung der Ausschüsse, inkl. Arbeitsweisen und Urteilsbildung spezifisch für den Prüfungs-, Vergütungs- und Nominationsausschuss.

- Die Geschäftsleitung:
Aufgaben und Zusammenspiel mit dem Verwaltungsrat.

- Risikomanagement, Compliance und Finanzüberwachung:
Internes Kontrollsystem sowie Beauftragung und Interaktion mit externer Revisionsstelle resp. Prüfungsgesellschaft.

- Berichterstattung:
Pflichten zur Förderung der Transparenz bzgl. finanzieller und nicht finanzieller Belange.

I. Einführende Bemerkungen

- Vergütung von Verwaltungsrat und Geschäftsleitung:
  Grundsätze in der Ausarbeitung, Festsetzung und Durchführung der Vergütungspolitik.

- Besondere Verhältnisse:
  Die Adaption von börsenkotierten zu privat gehaltenen Gesellschaften.

II. Aktionariat, Generalversammlung und Multi-Stakeholder-Community

Gilt es, die unübertragbaren Aufgaben gemäss Art. 716a OR pflichtbewusst wahrzunehmen und die Kommunikation proaktiv zu gestalten, ist der Verwaltungsrat aufgefordert, auf Positionen und Meinungen von Shareholder und Stakeholder entsprechend einzugehen und für diese ein Verständnis aufzubauen.[6] Diesen Dialog zu fördern und weiterzuentwickeln, ist eine der zentralen Entwicklungen in den letzten Jahren in der Corporate Governance. Dafür werden nachfolgend drei Leitgedanken thematisiert.

A. Stärkung des Aktionariats

Zum 1. Januar 2023 trat in der Schweiz das revidierte Aktienrecht in Kraft.[7] Ziel der Reform war die Modernisierung des Unternehmensrechts mit Rücksicht auf eine verstärkte Internationalität und auf die digitale Abwicklung von Unternehmensprozessen. Die Reform inkludiert Änderungen in vier Dimensionen:[8]

– Kapitalstruktur zur Stärkung der Flexibilität:
Aufhebung Mindestnennwert, Aktienkapital in Fremdwährung, Einführung Kapitalband und Zwischendividenden, Vereinfachung Kapitalherabsetzung und neue Bestimmungen zur Sacheinlage und Liberierung.

– Aktionärsrechte zur Stärkung der Minderheiten:
Generelle Auskunfts- (10 % Aktienkapital) oder Einsichtsbegehren (5 % Aktienkapital) von Aktionärsminderheiten beim Verwaltungsrat, gerichtliche Beantragung der Sonderuntersuchung nach Ablehnung Antrag auf Stufe Generalversammlung (5 % Aktienkapital), Senkung der Schwellenwerte zur Einberufung Generalversammlung (5 % Aktienkapital, kotierte Gesell-

---

[6] Für eine eingehende empirische Untersuchung zu den unübertragbaren und unentziehbaren Aufgaben des Verwaltungsrats siehe: Rüdisser, M. F. (2009). Boards of Directors at Work: An Integral Analysis of Nontransferable and Inalienable Duties under Swiss Company Law from an Economic Perspective, Dissertation, University of St. Gallen (2009).

[7] Siehe Bundesamt für Justiz (BJ) für weitere Informationen zur Revision des Aktienrechts: https://www.bj.admin.ch/bj/de/home/wirtschaft/gesetzgebung/archiv/aktienrechtsrevision14.html.

[8] Für eine vollständige und umfassende Erläuterung zu den Änderungen der Aktienrechtsreform: Forstmoser, P. & Küchler, M. (2020). Schweizerisches Aktienrecht 2020. Mit neuem Recht der GmbH und der Genossenschaft und den weiteren Gesetzesänderungen. Stämpfli: Bern.

II. Aktionariat, Generalversammlung und Multi-Stakeholder-Community

schaft) und zur Traktandierung und Antragsstellung (0,5 % Aktienkapital, kotierte Gesellschaft; 5 % Aktienkapital, nicht kotierte Gesellschaft, Gesetzesüberführung der Verordnung gegen übermässige Vergütungen (VegüV).

– Verwaltungsratspflichten zur Stärkung der Aufsicht:
Sicherstellung Zahlungsfähigkeit und Überwachung der Liquidität, Verzicht auf Benachrichtigung Richter bei Überschuldung, falls Aussicht zur Behebung vorliegt (90 Tage seit Zwischenabschluss), und Verzicht auf Einberufung Generalversammlung, wenn ein Kapitalverlust in der Jahresrechnung vorliegt.

– Generalversammlung zur Stärkung der Digitalisierung und Globalisierung:
Ort der Durchführung der Generalversammlung kann im Ausland oder parallel an verschiedenen Orten sein (mit Bild- und Tonübertragung), Beantragung von Beschlüssen auf dem Zirkularweg (falls keine mündliche Beantragung von Aktionariat erfolgt, Durchführung der Generalversammlung elektronisch (falls in den Statuten vorgesehen, virtuell, sonst hybrid, und mit Stimmrechtsvertretern bei kotierten Gesellschaften).

Die Änderungen im Zuge der Aktienrechtsrevision wurde bereits von einer Vielzahl an Autoren/Publikationen kommentiert und kontextual eingebettet.[9]

Aus unserer Sicht gibt es unter anderem zwei Dimensionen zu vertiefen (anknüpfend an die Ausführungen unter «Ursprung und Ordnungsrahmen der Corporate Governance»).

1. (Pro)Aktiver Austausch mit Aktionären und weiteren Stakeholdern

Besonders börsenkotierte Gesellschaften forcieren heute ihre Investor-Relations-Tätigkeiten. Ursprung dieser «IR-Professionalisierungswelle» liegt im Börsenboom und im gestiegenen Informationsbedarf am Kapitalmarkt (Piwinger, 2009). Dabei gilt es, zwei Grundsätze zu berücksichtigen:

– Das Recht zur Gleichbehandlung der Aktionäre (Art. 706 Abs. 2 Ziff. 3 OR, Art. 717 Abs. 2 OR):
(private vs. institutionelle Gesellschaften) grundsätzlich unabhängig von der Beteiligungshöhe (Klein-, Minder- oder Mehrheitsaktionär).

---

[9] Siehe etwa: Forstmoser, P. & Küchler, M. (2022). Schweizerisches Aktienrecht 2020. Stämpfli: Bern; Böckli, P. (2022). Schweizer Aktienrecht (5. Auflage). Schulthess: Zürich; Nobel, P. & Müller, C. (2023). Berner Kommentar. Das Aktienrecht – Kommentar der ersten Stunde. Stämpfli: Bern.

- Best-Practice-Richtlinien:
Präsentation der Inhalte nach Sachlichkeit, Glaubwürdigkeit, Wesentlichkeit, Vollständigkeit, Zukunftsorientierung und Gleichbehandlung (z. B. durch den Berufsverband Deutscher Investor Relations Verband [DIRK]).[10]

Entsprechend sind vorab Strategien zum Austausch mit dem Aktionariat zu definieren. Nebst den traditionellen Kommunikationskanälen (u. a. Quartals-, Halbjahres- und Jahresberichte; Medienmitteilungen, Finanzinformationsplattformen, Präsentationen) haben sich Roadshows im Zuge der Investor-Relations-Arbeit besonders stark entwickelt. Als Roadshows wird ein von der Unternehmung organisiertes Treffen zwischen dem Verwaltungsrat und/oder dem Management und ausgewählten Investoren, Finanzanalysten und Proxy Advisors bezeichnet. Zweck von Roadshows ist die (pro)aktive Kommunikation von Unternehmensstrategien und zukünftigen Unternehmensaktivitäten. So erhalten Unternehmen wertvolles Feedback, ihre Strategien weiterzuverfolgen (positiver Input) oder zu adaptieren (negativer Input). Als Folge der Internationalisierung auf Investorenstufe finden Roadshows geografisch an verschiedenen Standorten statt. Roadshows werden ebenso oft von Investmentbanken als Teil eines Börsengangs gesponsort. Sodann haben grössere Firmen separate Roundtables und Gespräche der Verwaltungsratspräsidentinnen oder Verwaltungsratspräsidenten mit den wichtigsten Aktionären ohne Teilnahme des Managements eingeführt. Um gleichzeitig das Recht zur Gleichbehandlung der Aktionäre zu berücksichtigen, sind flankierende Massnahmen notwendig.

2. Berücksichtigung der Entwicklungen zur Nachhaltigkeit

Am 29. November 2020 hat das Schweizer Stimmvolk die Initiative «Für verantwortungsvolle Unternehmen – zum Schutz von Mensch und Umwelt» abgelehnt und sich stattdessen für einen Gegenvorschlag mit ESG-Berichts- und Sorgfaltspflichten in Anlehnung an die EU entschieden.[11] Trotz Ablehnung einer Verschärfung der zivilrechtlichen Haftung der Menschenrechts- und Umweltstandards in Wirtschaftsaktivitäten (u. a. in Lieferketten) wurden die inhaltlichen Anforderungen der Berichterstattung an ESG-Aktivitäten stark verstärkt (Art. 964 ff. OR). Durch die aktuell sich stark entwickelnden ESG-Details (Standards/Metrics) werden zudem neue Anforderungen – über das

---

[10] Für weitere Guidelines zu Investor-Relations-Aktivitäten: DIRK (2012). Handbuch Investor Relations. Betriebswirtschaftlicher Verlag Gabler: Wiesbaden.
[11] Link zur Initiative: https://www.admin.ch/gov/de/start/dokumentation/abstimmungen/ 20201129/volksinitiative-Fur-verantwortungsvolle-unternehmen-zum-schutz-von-mensch-und-umwelt.html.

II. Aktionariat, Generalversammlung und Multi-Stakeholder-Community

gesetzliche Mindestmass hinaus – von der Multi-Stakeholder-Community gefordert. In Anbetracht der sich verstärkenden Anforderungen von Hard und Soft Law sollten Unternehmen vorausschauend agieren und die ESG-Strategie (in Form von Konzepten und Terminologien) auch in Verwaltungsrat-, Verwaltungsratsausschuss- und Riskmanagement-Diskussionen integrieren.

Auf EU-Ebene gilt die ESG Berichtspflicht primär für Publikumsgesellschaften, die (a) im Jahresdurchschnitt mindestens 500 Vollzeitbeschäftige und (b) in zwei aufeinanderfolgenden Jahren einen Umsatz von CHF 40 Millionen oder ein Vermögen von CHF 20 Millionen überschreiten (Faktoren inkl. beherrschte Gesellschaften). Orientiert man sich an der EU-Richtlinie zur ESG-Berichterstattung (Richtlinie 2014/95), sollte die ESG-Berichterstattung primär auf das Geschäftsmodell der Unternehmung ausgerichtet sein.[12] Dies inkludiert auf Stufe ESG die wirtschaftliche Aktivitätsbeschreibung, die wichtigsten Risiken (aus Geschäftsbeziehung, Produkt, Dienstleistungen), die Strategie und Sorgfalt zur Bewältigung dieser Risiken, das Ergebnis dieser Massnahmen und zuletzt die daraus folgenden nicht finanziellen Schlüsselkennzahlen (sog. Non-Financial Key Performance Indicators). Liegen auf Stufe Unternehmung keine Richtlinien für ESG-Komponenten vor mit Risikohinweisen, gilt es, eine Erklärung dafür zu liefern («Comply or Explain»).

Die ESG-Berichterstattungspflichten gemäss neuem Schweizer Aktienrecht (Art. 964a ff. OR) richten sich zunächst an den Verwaltungsrat. Immerhin muss dieser aber den nicht finanziellen Bericht der Generalversammlung zur Abstimmung vorlegen. Gemäss SCBP sollen die Aktionäre zudem nicht nur den Gesellschaftszweck sowie die Eckwerte der Unternehmenstätigkeit (in den Statuten) bestimmen, sondern gegebenenfalls auch Stellung nehmen zu Fragen der nachhaltigen Unternehmensentwicklung einschliesslich ökologischer, sozialer und gesellschaftspolitischer Fragen wie Umweltziele oder Menschenrechte. Allerdings werden die unentziehbaren Kompetenzen des Verwaltungsrates ausdrücklich vorbehalten. Deshalb kann es an der Generalversammlung bei solchen Fragen rechtlich nur um Konsultativabstimmungen gehen (Frick, 2023, S. 102).

Die ESG-Berichterstattung setzt voraus, das Geschäftsmodell der Unternehmung sowie die eigenen primären Stakeholder und deren Anliegen zu kennen («Materiality Assessment»). Letzteres erlaubt, auch in der nicht finanziellen Berichterstattung über notwendige Standards hinaus zu kommunizieren. Voraussetzung dafür ist jedoch, sich mit den primären Stakeholdern auseinanderzusetzen (vgl. Kapital «Verstärkter Einbezug der Stakeholder-Community»).

---

[12] Zur Veröffentlichung der Richtlinien im Amtsblatt der Europäischen Union: https://eur-lex.europa.eu/legal-content/DE/TXT/PDF/?uri=CELEX:32014L0095. Der Bericht kann auch auf den OECD-Leitsätzen für multinationale Unternehmen oder auf Standards der Global Reporting Initiative (GRI) beruhen.

B. Bedeutung und Ausgestaltung der Generalversammlung

Oberstes Organ der Aktiengesellschaft ist die Generalversammlung (Art. 698 Abs. 1 OR). Diese bildet die Plattform, an denen (a) der Verwaltungsrat sich zu den kommunizierten Traktanden äussert und (b) die Aktionäre ihre Anliegen kommunizieren und Anträge stellen können. Gilt es, Fairness, Transparenz und Regelkonformität einzuhalten – u. a. Effizienz, Gleichbehandlung, Verhältnismässigkeit und Neutralität –, haben sich die involvierten Parteien bei der Planung und Durchführung der Generalversammlung an gewisse Spielregeln zu halten.[13]

Dabei ist der Verwaltungsrat an der Generalversammlung verpflichtet, eine Leitungsfunktion wahrzunehmen (Art. 716a Abs. 1 Ziff. 6 OR und Art. 699 Abs. 1 OR). Dazu gehört auch die Informationsdistribution zu den Traktanden und den Anträgen, die an der Generalversammlung abgehandelt werden. Dabei lässt sich die direkte Kenntnisgabe (z. B. schriftliche Zustellung der Einladung zur Generalversammlung) und die blosse Auflage zur Einsicht (z. B. Geschäftsbericht am Hauptsitz) unterscheiden.[14] Die Coronapandemie sowie aktuelle Debatten im Schweizer Finanzplatz zeigen jedoch, dass in der Praxis Situationen eintreten, welche Änderungen in der Informationsdistribution veranlassen. Im Hinblick eines begrenzten Gestaltungsspielraums für den Verwaltungsrat gibt es hierzu drei Phasen zu differenzieren und darin Folgendes zu beachten (Horber, 2021):

Vor der Generalversammlung: Hier wird auf die Periode zwischen Abschluss Geschäftsjahr und Publikation (bzw. dem Versand) der Unterlagen zur Generalversammlung Bezug genommen. Während dieser Zeitperiode hat der Verwaltungsrat (a) undelegierbare Kompetenzen zur Unterbreitung in Form von Traktanden und Anträgen und (b) ist zeitlich aufgefordert, die Generalversammlung innerhalb der ersten sechs Monate nach Abschluss des Geschäftsjahres durchzuführen. Die dafür entsprechenden Unterlagen müssen spätestens 20 Tage zuvor in statutarisch vorgeschriebener Form veröffentlicht bzw. zugestellt werden.

Während der Einberufungsfrist: Die Einberufungsperiode ist die Periode zwischen der Publikation (bzw. dem Versand) der Unterlagen der Generalversammlung an die Aktionäre und dem Tag, an dem die Generalversammlung stattfindet. Somit die Zeitperiode, indem die Meinungsbildung der Akti-

---

[13] Siehe hierzu für weitere Informationen: Böckli, P. (1997). Rechtsfragen um die Generalversammlung, Schriften zum neuen Aktienrecht, Band 11. Schulthess: Zürich.
[14] Siehe auch: Böckli, P. (2022). Schweizer Aktienrecht (5. Auflage). Schulthess: Zürich.

II. Aktionariat, Generalversammlung und Multi-Stakeholder-Community

onäre und Aktionärinnen zu den vorgeschlagenen Traktanden stattfindet und diese entscheiden, ob sie physisch an der Generalversammlung teilnehmen möchten oder dies durch den Stimmrechtsvertreter erfolgen soll. Werden die Traktanden und Anträge des Verwaltungsrats mehrheitlich positiv aufgenommen (insofern dies aus «der Ferne» zu beurteilen ist), liegt kein weiterer Handlungsbedarf seitens des Verwaltungsrats vor. Werden hinsichtlich Traktanden und Anträge Kritik des Aktionariats angebracht, Gegenanträge gestellt oder Ablehnungen von Stimmrechtsberatern kommuniziert, nimmt der Verwaltungsrat eine aktive Rolle ein. Analog zur Politik versucht der Verwaltungsrat aktiv die Entscheidungshintergründe plausibel darzulegen und somit Aktionäre und Aktionärinnen für die offiziell gestellten Anträge zu überzeugen. Werden auch mehrheitlich kritische Stimmen dargelegt, hält der Verwaltungsrat – mit wenigen Ausnahmen (u. a. Erteilung der Decharge) – an seinen Anträgen fest.[15]

Während der Generalversammlung: Diese Periode dauert von der Eröffnung bis zum Abschluss durch den Versammlungsleiter (mehrheitlich das Verwaltungsratspräsidium). Grundsätzlich ist die Informationsdistribution an der Generalversammlung durch die Reden des Sprechenden des Verwaltungsrats (Präsidium) und der Geschäftsleitung (Geschäftsführung) geprägt. Hierzu haben die sprechenden Personen grundsätzlich Gestaltungsspielraum, Inhalte sollten sich jedoch auf die im Vorfeld publizierten Geschäftsberichte und Traktanden und Anträge fokussieren. Primär sollten keine neuen Informationen kommuniziert, sondern bereits öffentlich verfügbare und im Vorfeld vorbereitete Informationen zusammengefasst und erläutert werden. Einzig bei den Voten der Aktionäre zu den einzelnen Traktandenpunkten liegt es am Sprechenden des Verwaltungsrats, ad hoc auf deren Äusserungen und Fragen einzugehen und den Sachverhalt zu erklären (abhängig jedoch auch davon, ob ein Aktionärsantrag oder eine reine Meinungsäusserung vorliegt).

Grundsätzlich ist es aus Sicht Aktionäre zu begrüssen, grösstmögliche inhaltliche Transparenz zu den einzelnen Traktandenpunkten zu schaffen. Dies erleichtert die Entscheidungsfindung für die Aktionäre und Aktionärinnen. Der Zeitpunkt und die Art der Kommunikation sind innerhalb des gesetzlichen und börsenrechtlichen Rahmens eine strategische Frage, die der Verwaltungsrat zu beantworten hat. Wird kommuniziert, muss die Kommunikation jedoch die Gleichberechtigung der Aktionäre sicherstellen (in der Art und Weise und Wahl des Kommunikationskanals) und im Falle von kursrelevanten Informationen die börsenrechtlichen Regeln befolgen. Wünschenswert zur

---

[15] Für weitere Erklärungen zu Absetzung eines einzelnen Traktandums, Änderung Traktandenliste oder Widerruf der Einberufung aller Traktanden: Horber, F. (2021). Spielregeln der Generalversammlung auf dem Prüfstand. NICG Board Dynamics, 2021-2, S. 45–56.

Stärkung des Vertrauens ist auch der stärkere Einbezug der übrigen Stakeholder (vgl. Kapitel «Verstärkter Einbezug der Stakeholder-Community»). In Publikumsgesellschaften ist es übliche Praxis, sich im Vorfeld der Publikation der Traktandierungsbegehren der Generalversammlung mit grossen institutionellen Investoren und Proxy Advisor auszutauschen, um Sensitivitäten und Richtung für die geplanten Antragsthemen anzugehen. Minderheitsaktionäre, die oftmals nicht spezifisch im Vorfeld angegangen werden, haben die Möglichkeit, ein Traktandierungsbegehren zu stellen.

C. Verstärkter Einbezug der Stakeholder-Community

Gilt es, für Unternehmen in der Corporate Governance die Gesamtheit des sozialen Kontexts zu umfassen und die verschiedenen Anforderungen in Einklang zu bringen, ist die Stakeholder-Community verstärkt einzubeziehen («vgl. Kapitel Ursprung und Ordnungsrahmen der Corporate Governance»). In diesem Ordnungsrahmen ist der Stakeholder-Begriff für die Unternehmung aus Sicht der Betriebswirtschaft, Politikwissenschaft und Sozialwissenschaft anzugehen. Folgt man dieser «Feldanalyse» und verschmelzt die drei Sichtweisen, treten Stakeholder als Meinungsvertreter und Entscheidungsdurchsetzer (Beteiligte) und Konsequenzträger (Betroffene) auf (Ejderyan, Geiser & Zaugg Stern, 2006). Somit können die Parteien auf die Legitimitätsfindung erheblich Einfluss nehmen.

Ein Unternehmen besteht aus einem Ökosystem (Springman, 2011). Zur Optimierung der Wertschöpfung und Legitimierung der Aktivitäten («Licence to Operate») vor dem Hintergrund der Ansprüche einer Vielzahl an Gruppen gilt es, diese Gruppen balanciert und fair zu behandeln. Ziel ist es also, gem. Kay (2012), langfristig ein nachhaltig rentables Geschäftsmodell zu generieren (Gewinn im Einklang mit Gesellschaft und Umwelt), anstatt kurzfristig auf Kosten anderer den Profit zu maximieren (Gewinn zulasten von Gesellschaft und Umwelt). Der Verwaltungsrat tut deshalb gut daran, die für die Organisation relevanten Stakeholder zu identifizieren und adäquat in den Dialog einzubeziehen. Für Identifikation und Einbezug der Stakeholder gibt es viele Strategien, auch nachteilige (Harrison & Wicks, 2021). Unbestritten bleibt die mehrwertstiftende Inklusion der Stakeholder-Community, deren Einbezug wie folgt ablaufen könnte (als eine mehrerer möglichen Strategien; McKinsey & Company, 2021):

- Verstehen, wer die Interessengruppen sind, um Prioritäten zu setzen:
  Die Vielfalt an Stakeholder ist gross. Diese nach (a) Stakeholder im Unternehmen (Management, Mitarbeitende), (b) Stakeholder ausserhalb des Unternehmens mit direkter Interaktion im Geschäftsumfeld (Aktionariat, Kunden, Lieferanten) und (c) Stakeholder ausserhalb des Unternehmens

II. Aktionariat, Generalversammlung und Multi-Stakeholder-Community

mit indirekter Interaktion im Geschäftsumfeld (Regierungen, Gemeinden und die Umwelt) zu gruppieren ist eine Möglichkeit, die Breite an Interessengruppen darzustellen. Nicht alle Interessengruppen sind jedoch von gleicher Relevanz. Mit Blick auf das Geschäftsmodell und den Unternehmensethos erlaubt eine breite Darlegung, die Stakeholder abzuwägen und nach Priorität zu ordnen.

- Verstehen, was die Bedürfnisse der Interessengruppen sind, um Vertrauen aufzubauen:
  Stakeholder sind in sich selten homogen in der Interessenlage. Die Segmentierung innerhalb der Stakeholder-Gruppen zu kennen und ihre Bedürfnisse besser zu verstehen, kann den Unternehmen helfen, Veränderungen frühzeitig herbeizuführen und proaktive und frühzeitig Machbarkeitsüberlegungen anzugehen. Letzteres hängt von der vordefinierten Relevanz der Gruppe ab.

- Definieren der für das Unternehmen relevanten Themen:
  Als Nächstes sind Möglichkeiten auszuloten, die durch die proaktive Aufnahme im Stakeholder-Dialog gesammelt wurden, um den «Stakeholder-Impact» zu erhöhen. Dimensionen, die es zu identifizieren gilt, unterteilen sich in Finanzen (finanzielles Wohlergehen), Umwelt (Gebrauch von natürlichen Ressourcen), Gesundheit (persönlich und unternehmerisches Wohlergehen), Fähigkeiten (Weiterentwicklung von Fähigkeiten und Fertigkeiten) und Zufriedenheit (positive Erfahrung bei Interaktion mit Produkten/Dienstleistungen).

- Definieren, was die jeweilige Strategie im Umgang mit Stakeholdern und Interessenlagen ist, um davon Umsetzungsmassnahmen abzuleiten:
  Sind Ideen und Konzeptionen vorgelegt, sollten diese hinsichtlich der Stärken des Unternehmens, der Bedürfnisbefriedigung der Stakeholder und der langfristigen Mehrwertschöpfung analysiert und hinterfragt werden.

- Umsetzen, was ein nachhaltiges Unternehmens- und Betriebsmodell ist, um eine langfristige Wertschöpfung idealerweise für alle zu erzielen:
  Gilt es, die gewählte Strategie langfristig und mehrwertstiftend umzusetzen, erfordert dies Verantwortlichkeit (zur Abstimmung der Governance und Stakeholder-Strategie), Kommunikation (zur proaktiven Mitteilung der getätigten Entscheidungen und Aktivitäten) und kontinuierliche Anpassung (um Schritt zu halten mit der Dynamik). Schliesslich handelt es sich um einen Prozess – nicht um ein Ergebnis.

Gemäss Ziff. 9 SCBP soll sich der Verwaltungsrat über die Nachhaltigkeit des eigenen Unternehmens regelmässig Rechenschaft abgeben. Er konkretisiert im Rahmen seiner Aufgaben das nachhaltige Unternehmensinteressse und berücksichtigt dabei auch die Interessen der verschiedenen Anspruchsgruppen («Stakeholder») sowie von Gesellschaft und Umwelt.

D. Proxy Advisors

Stimmrechtsberater (auch «Proxy Advisors») unterstützen institutionelle Anleger, Fonds und Pensionskassen als Finanzintermediäre bei der Analyse der Corporate Governance von Unternehmen und bei der Ausübung ihrer Stimmrechte an der Generalversammlung. Als wichtigste Stimmrechtsberater im Schweizer Markt treten ISS, Glas Lewis, Ethos und Inrate auf. Deren Empfehlungen an die Investoren zur Annahme/Ablehnung bestimmter Traktanden an der Generalversammlung basieren dabei auf eigens durchgeführter Datenforschung, auf Unternehmenskommunikationen sowie auf dem Dialog mit Verwaltungsrat und Geschäftsleitung.

Stimmrechtsberater werden grundsätzlich als «begrüssenswerte Akteure» angesehen, da Investoren selten in der Lage sind, die Komplexität der Geschäftsmodelle zu erfassen und die Unternehmen in der Tiefe zu analysieren.[16] Vertreter der börsenkotierten Aktiengesellschaften und die Lehre kritisieren jedoch das «ausschlaggebende Gewicht», das ihnen zukommt. Dies liegt einerseits darin, dass Stimmrechtsberater meist strikte den internen Bewertungsrichtlinien folgen, ohne jedoch den Unternehmenskontext und die schweizerischen Gegebenheiten zu berücksichtigen (SwissHoldings, 2020). Andererseits darin, dass Investoren zuweilen «blind» die Meinung der Stimmrechtsberater übernehmen, ohne eigene Analysen durchzuführen; was auch eine Motion auf National- und Ständeratsebene zur Folge hatte.[17] Der SCBP folgt dem Transparenzprinzip und den Richtlinien zur Ausübung von Mitwirkungsrechten an Aktiengesellschaften (Swiss Stewardship Code), was es zu befürworten gilt.[18] Darüber hinaus wird zuweilen die teilweise fehlende Unabhängigkeit von Proxy Advisors kritisiert, dies in Situationen, wo beispielsweise eine vorgängige Beratung zu Vergütungssystemen nachfolgend im Konflikt steht zur Prüfung und Beurteilung der Governance und der Vergütung des Topmanagements bei demselben Unternehmen.

---

[16] Siehe: Minder, T. (2019). Motion 19.4122, Stimmrechtsberater und börsenkotierte Aktiengesellschaften. Interessenkonflikte offenlegen und vermeiden. Abgerufen von: https://www.parlament.ch/de/ratsbetrieb/suche-curia-vista/geschaeft?AffairId=20194122.
[17] Motion 19.4122, Einreichedatum 23.09.2019.
[18] Die Richtlinien sind eine gemeinsame Initiative von: ASIP, Schweizerischer Pensionskassenverband, Ausgleichsfonds AHV/IV/EO, economiesuisse, Ethos – Schweizerische Stiftung für nachhaltige Entwicklung, Schweizerische Bankiervereinigung und SwissHoldings (vom Januar 2013).

III. Verwaltungsrat

Der Verwaltungsrat ist für die Corporate Governance verantwortlich und für den nachhaltigen Unternehmenserfolg entscheidend. Zum besseren Verständnis der Ausgestaltung des Verwaltungsrats (als Gremium) und deren Mitglieder (als Individualperson) werden nachfolgend dessen Merkmale und Charakteristiken hinsichtlich Aufgaben, Zusammensetzung, Arbeitsweise, Interessenkonflikten und Unternehmenskultur angesprochen.

A. Aufgaben des Verwaltungsrats, Präsidiums und Vizepräsidiums

Die unentziehbaren und unübertragbaren Aufgaben des Verwaltungsrats sind im Grundsatz in Art. 716a OR geregelt. Neben den gesetzlich vorgeschriebenen Aufgaben zur Oberleitung und Oberaufsicht nimmt der SCBP den Verwaltungsrat neu ausdrücklich für die Corporate Governance und die Unternehmenskultur in die Pflicht. Der Verwaltungsrat prägt die Corporate Governance. Verwaltungsrat und Geschäftsleitung setzen die Unternehmensinteressen stets vor allfällige persönliche Interessen und die Interessen Dritter. Die Unternehmenskultur soll zu unternehmerischem Handeln ermutigen und von Integrität, Langfristigkeit sowie Verantwortung geprägt sein (Frick, 2023, S. 103). Aussagen in dieser Klarheit waren im bisherigen Swiss Code nicht enthalten. Damit zieht der SCBP bewusst Lehren aus vergangenen Unternehmenskrisen.

Die Oberleitung und Oberaufsicht der Gesellschaft bzw. des Konzerns obliegt dem Gesamtverwaltungsrat als Gremium (Sutter-Rüdisser & Sutter, 2012). Das Gremium umfasst alle an der Generalversammlung ordentlich gewählten Personen, die im schweizerischen Handelsregister eingetragen sind. Als Oberleitung und Oberaufsicht der Gesellschaft ist primär (a) die strategische Zielsetzung, Mittelverwendung und Ergebniserreichung, (b) die Aufrechterhaltung finanzieller Mittel, (c) die Etablierung von Planungs-, Informations- und Kontrollsystemen sowie (d) der Erlass von geschäftsführenden Weisungen zu verstehen (Müller, Lipp & Plüss, 2021, S. 167 ff.). Gemäss Ziff. 9 SCBP sollte diese Aufgabe dabei auf Ausgewogenheit zwischen Strategie (Zielsetzung vs. Zielerreichung), Risiko (als Gefahren- vs. auch als Chancendialog) und Finanzen (Ausgewogenheit bei Ertrag vs. Aufwand) basieren. In der Praxis wird die Kompetenzwahrnehmung zur Oberleitung und Oberaufsicht dabei oftmals als integraler Bestandteil zur effektiven und effizienten Leitungs- und Aufsichtsfunktion (interne Stakeholdersicht) sowie zur Abho-

III. Verwaltungsrat

lung und Erfüllung der Erwartungshaltung (externe Stakeholder-Sicht) wahrgenommen (Germann & Horber, 2023).

Gemäss Rothwell (2005) sind Einsichten entscheidend zur Erfüllung der normativen Rollenanforderungen, die in der Organisation entstehen, beeinflusst durch die Wahrnehmung des Rolleninhabers selbst (z. B. Verwaltungsratsmitglied) in Abhängigkeit der Erwartungshaltung von Dritt-Stakeholdern (z. B. Management, Mitarbeiter, Aktionäre). Die Rollenwahrnehmung ist also ein Wechselspiel der formalen Rolle (Definition der Rollengestaltung Sicht Organisation) mit der informalen Rolle (Art und Weise, wie das Individuum die Rolle wahrnimmt). Auf dieser Perspektive aufbauend, sollte der Verwaltungsrat sich aktiv im Multi-Stakeholder-Dialog positionieren und die davon gewonnenen Erkenntnisse in den strategisch geführten Diskussionen abwägen (Winter & van de Loo, 2012). Nur so gelingt es, die ökologischen und sozialgesellschaftlichen Ziele in die Unternehmenswelt im Interesse aller zu integrieren. In der Wahrnehmung der Pflichten zur Oberleitung und Oberaufsicht hat der Verwaltungsrat jederzeit die formalen Vorgaben zu beachten, die im Unternehmen in den Statuten und im Organisationsreglement sowie gegebenenfalls in einem Code of Conduct oder Code of Ethics definiert wurden.

Der Verwaltungsrat soll die Unternehmenskultur fördern: Gemeint sind gemeinsam prägende Werte und Normen, die sich implizit in der Sprache, in Symbolen und im Verhalten der Mitarbeiter widerspiegeln und so implizit die einzelnen Individuen «leiten». Kultur wird deshalb oftmals als «Schlüsselelement» angesehen, dient sie doch einerseits dem Wettbewerbsvorteil sowie andererseits anstehenden Unternehmenstransformationen. Eine Kultur zu kultivieren, ist eine komplexe Herausforderung (Ingold, 2021). Folgt man dem SCBP, soll der Gesamtverwaltungsrat ein prägendes Element in der Kulturgestaltung/-beeinflussung übernehmen. Primäre Elemente dabei sind als gutes Beispiel vorangehen, um langfristig, nachhaltiges wirtschaftliches Handel zu ermöglichen (Unternehmertum), zur Risikohandhabung ethisches und integres Handeln forcieren (Umgang mit Unregelmässigkeiten) und zur konsequenten Umsetzung von Projekten/Transformationen das Verantwortungsbewusstsein verankern und dies folglich auch periodisch überprüfen (Rechenschaft). Gilt es, als «Schirmherr» aufzutreten und ein Umfeld mit psychologischer Sicherheit zu gewährleisten (sog. Creating Psychologcial Safety),[19] sind Mitarbeitende gehalten, Unregelmässigkeiten via «Whistleblowing-Stelle» zu melden (auch anonym). Das Unternehmen hat diese objektiv und gerecht zu adressieren (keine Benachteiligung des Whistleblowers).

---

[19] Für mehr zu «Psychological Safety»: Edmondson, A. C. (2018). The Fearless Organization: Creating Psychological Safety in the Workplace for Learning, Innovation and Growth. Wiley: New Jersey.

Gilt es, die unübertragbaren und unentziehbaren Hauptaufgaben des Verwaltungsrates zu erfüllen und die allgemeinen Verhaltens- und Sorgfaltspflichten zu gewährleisten, nimmt die Präsidentin oder der Präsident und die Vizepräsidentin oder der Vizepräsident eine verantwortungsvolle Leitungs- und Steuerungsfunktion ein (sog. Stewardship). Im Gegensatz zum Gesamtverwaltungsrat legt das Obligationenrecht hierzu keine bestimmten Rechte und Pflichten aus. Es liegt also ein gewisser Handlungsspielraum vor. Aus organisationaler Sicht, u. a. im Organisationsreglement, ist es deshalb angemessen, die Aufgabenbereiche des Präsidiums und Vizepräsidiums festzulegen – auch zur Umgehung von Doppelspurigkeit und somit zum Bündeln von Ressourcen.

Die Präsidentin oder der Präsident hat im Grundsatz die gleichen Befugnisse und Aufgaben wie ein ordentliches Verwaltungsratsmitglied und wird in börsenkotierten Gesellschaften auch von der Generalversammlung bestimmt (Art. 697 Abs. 3 Ziff. 1 OR). Als Prima Inter Pares oder Primus Inter Pares (lateinisch für Erste oder Erster unter Gleichen) kommt ihr oder ihm deshalb eine ausserordentliche Geltungsfunktion zu. Bei börsenkotierten und grossen, nicht kotierten Gesellschaften haben die ordentlichen Verwaltungsrätinnen oder Verwaltungsräte oftmals nicht die zeitliche Kapazität, um als Drehscheibe zwischen Geschäftsleitung/Mitarbeiter und Aktionariat/Stakeholder zu fungieren. Als ständiger Begleiter und Überwacher der Aktivitäten übernimmt das Verwaltungsratspräsidium hier deshalb die Rolle der Oberleitung und -aufsicht des Gesamtverwaltungsrats (Facincani, 2019). Ihr oder ihm kommt deshalb eine natürliche Führungsfunktion zur Steuerung der Verwaltungsratsaktivitäten zu. Als «Garantin oder Garant der Informationen» (Ziff. 17 SCBP) ist das Präsidium prozessfokussiert und übernimmt die Verantwortung für eine adäquate und zeitgerechte Vorbereitung, Beratung, Beschlussfassung und Ausführung der mindestens viermal jährlichen stattfindenden Verwaltungsratssitzungen (sog. Board Work Activity) und fungiert als Erstkontakt für Aufsicht und Coaching gegenüber der Geschäftsleitung (sog. Sparringpartner). In Lehre und Rechtsprechung herrscht Einigkeit, dass einerseits der Kompetenz- und Aufgabenbereich der Präsidentin oder des Präsidenten nicht allumfassend ist und spezifiziert werden sollte und andererseits sich diese sich nicht in den im Gesetz genannten Pflichten und Aufgaben der Verwaltungsratspräsidentin oder des Verwaltungsratspräsidenten können wie folgt zusammengefasst werden:

A. Gesetzliche Pflichten:

– Einberufung Verwaltungsratssitzungen (Art. 715 OR);
– Auskunfts- und Einsichtsrecht (Art. 715a Abs. 2 und 3 OR);
– Zeichnung Verwaltungsratsprotokolle (Art. 713 Abs. 3 OR); und
– Stichentscheid bei Pattsituationen (Art. 713 Abs. 1 OR).

III. Verwaltungsrat

B. Weitgehend ungeschriebene Aufgaben (Hungerbühler, 2003):
- Oberleitung und -aufsicht Verwaltungsrat (handelt «fiduziarisch» und rechtmässig nach dem Gleichberechtigungsprinzip);
- Handlungsbefugnisse im Namen des Verwaltungsrats bei dringenden, unaufschiebbaren Geschäften;
- Durchsetzen von ordnungserhaltenden Massnahmen in Sitzungen;
- Leitung Generalversammlung;
- Interne und externe Repräsentationsfunktion; und
- Primäre Ansprechperson Management (primär CEO und CFO).

Im Grundsatz soll der Vorsitz des Verwaltungsrats (Präsidium) und der Geschäftsleitung (Geschäftsführung) von zwei verschiedenen Personen ausgeübt werden (Ziff. 18 SCBP) und somit dem Unabhängigkeitsprinzip folgen (Ziff. 15 SCBP). Der Grundsatz der Ausgewogenheit von Leitung und Aufsicht an der Spitze sollte auch in den Bestrebungen der Organisation gegenüber aussen zum Ausdruck gebracht werden. In Ausnahmesituationen, so erwähnt dies auch Ziff. 15 SCBP, soll den Organisationen jedoch eine Möglichkeit zur Personalunion (sog. Doppelmandat) eingeräumt werden. Gründe zur Ausübung eines Doppelmandats sind kontextgebunden und vielfältig.[20] Diese beziehen sich deshalb u. a., in positiver Hinsicht, auf vertiefte Kenntnisse in der Organisation und auf die Legitimitätsmerkmale in der Führung zur Vorgabe einer klaren Unternehmensstrategie (Salancik & Meindl, 1984) sowie, in negativer Hinsicht, auf Loyalität zu geleisteten historischen Unternehmenserfolgen (Wang et al., 2019) und auf Fehler in der Nachfolgeplanung (Krause, Semadeni & Canella, 2013). Liegt trotz Bestrebung zur Ausgewogenheit bei den Organisationen eine Ernennung eines Doppelmandats vor und ist diese unausweichlich (sog. of Last Resort), ist zwingend eine Erklärung mit entsprechend vertieften, nachvollziehbaren Begründungen abzugeben (sog. Comply or Explain) und sind angemessene Human- und Organisationskontrollen für Voreingenommenheit/Befangenheiten einzuführen (sog. Lead Independent Director). Gemäss neuem SCBP soll ein Lead Independent Director nicht nur ernannt werden, wenn eine Person ausnahmsweise beide Funktionen in Personalunion ausübt, sondern auch, wenn der bisherige Vorsitzende der Geschäftsleitung (CEO) das Präsidium des Verwaltungsrats übernimmt (vgl. Kapitel «Lead Independent Director»).

---

[20] Man spricht hier vom «Double-Edged Sword»: Finkelstein, S. & D'Aveni, R. A. (1994). CEO duality as a double-edged sword: How boards of directors balance entrenchment avoidance and unity of command. Academy of Management Journal, 37, pp. 1079–1108.

Die Vizepräsidentin oder der Vizepräsident wird in der schweizerischen Gesetzgebung nicht näher konkretisiert und deren Wahl somit nicht vorgeschrieben (weder im schweizerischen Obligationenrecht noch im SCBP). Die Wahl einer Person als Vizepräsidentin oder Vizepräsident obliegt somit der Konstituierungskompetenz des Verwaltungsrats, bei börsenkotierten und grossen, nicht börsenkotierten Gesellschaften ist sie jedoch empfohlen bzw. wird als zweckmässig betrachtet (Hungerbühler, 2003). Wird seitens Verwaltungsrat/Generalversammlung nichts Gegenteiliges beschlossen, setzt die Bezeichnung als Vize (lateinisch für an Stelle) eine Stellvertretungsfunktion im Falle einer Verhinderung der Präsidentin oder des Präsidenten voraus. In diesem Falle übernimmt die Vizepräsidentin oder der Vizepräsident temporär den Vorsitz mit identischer Kompetenzausstattung (Ziff. 18 SCBP). Zu unterscheiden sind Verhinderungen, die zeitlich, geistig und körperlicher Natur sind von jenen, die auf Interessenkonflikte zurückzuführen sind (Ziff. 19 SCBP). Analog zur Konstellation Präsidium und Vorsitz der Geschäftsleitung fungiert die Vizepräsidentin oder der Vizepräsident als unabhängiges Sprachrohr der Mitglieder des Verwaltungsrats und als Sparringpartner gegenüber der Präsidentin oder dem Präsidenten.[21] So obliegt es wohl auch dem Vizepräsidium (gemeinsam mit der Vorsitzenden oder dem Vorsitzenden des Nominationskomitee), das Verhalten der Präsidentin oder des Präsidenten kritisch zu hinterfragen und den Nachfolgeprozess frühzeitig anzustossen (Germann, 2023). Grundsätzlich soll die Beziehung zwischen Präsidentin oder Präsident und Vizepräsidentin oder Vizepräsident auf Vertrauen basieren, um auch anspruchsvolle Themen offen besprechen zu können.

B.   Zusammensetzung des Verwaltungsrats

Die Konstellation des Verwaltungsrates in Grösse, Diversität (Kompetenz, Erfahrung, Geschlecht etc.) und Unabhängigkeit soll die notwendigen Kompetenzanforderungen zur Erfüllung der unübertragbaren und unentziehbaren Aufgaben erfüllen. Fokus dabei sind individuen- und gremiumspezifische Funktionsanforderungen zur Erfüllung einer optimalen und wirksamen Tätigkeit. Die Anzahl und Profile der Mitglieder liegt im Ermessensspielraum der Organisationen, sollte jedoch das spezifische Unternehmen und dessen Umfeld berücksichtigen (z. B. Industriezugehörigkeit, internationaler Exposure,

---

[21] Man spricht hier von einem «Sounding Board»: Krneta, G. (2005). Praxiskommentar Verwaltungsrat. Art. 707–726, 754 OR und Spezialgesetze. Ein Handbuch für Verwaltungsräte (2. Auflage). Stämpfli: Bern.

Unternehmenskomplexität).[22] Folgt man dem SCBP, sind in der Zusammensetzung des Verwaltungsrates folgende Faktoren zu berücksichtigen:

Grösse: Die Anzahl Mitglieder im Verwaltungsrat soll eine effiziente Willensbildung ermöglichen und den Anforderungen an Unternehmenskomplexität und Marktmultidimensionalität entsprechen. Dabei ist in der Ausgestaltung und Komposition des Verwaltungsrats die Informationsflut und Informationsasymmetrie so zu berücksichtigen, dass Entscheidungen im Verwaltungsrat mit der notwendigen Sorgfalt und Tiefe in Dokumentation und Austausch angegangen werden können. Es ist anzunehmen, dass Verwaltungsratsgrösse und Unternehmensgrösse resp. -komplexität eng korrelieren.

Diversität: Die Diversität im Gremium und unter den Verwaltungsratsmitgliedern soll gefördert und angestrebt werden. Diversität bezieht sich dabei nicht nur auf Geschlecht, Alter, (Inter-)Nationalität, Ethnien und Ausbildung, sondern auch auf kognitive Fähigkeiten zur Einnahme einer Vielzahl an Perspektiven vor und bei der Entscheidungsfindung (Sutter-Rüdisser, 2021). Diversität soll dabei den kritischen und gemeinsamen Austausch gleichzeitig fördern und fordern (Fernandez & Thams, 2019). Gilt es, Richtwerte bei der Besetzung zu beachten (Art. 734f OR), soll dessen Einhaltung kurzfristig angestrebt und langfristig erreicht werden. Werden Mängel identifiziert, trifft der Gesamtverwaltungsrat und/oder das Nominationskomitee in der Personalplanung auf Stufe Verwaltungsrat und Geschäftsleitung entsprechende Entscheide.

Unabhängigkeit: Die Unabhängigkeit ist eine wichtige Voraussetzung zur Erfüllung der Oberleitung und Oberaufsicht des Verwaltungsrats, insbesondere bei Pflichten im Zusammenhang mit Ausschüssen und zur Wahrung der Treuepflicht (Müller et al., 2019). Zur Wahrung der Unabhängigkeit adressiert der SCBP in Ziff. 15 operative (exekutives vs. nicht exekutives Mitglied), zeitliche (korrekte und gewissenhafte Planung zur Mandatswahrnehmung) und funktionale Bedingungen (Anzahl und Art der Tätigkeiten), die zur Einhaltung notwendig sind. Dabei kann die Gesellschaft jederzeit weitere Kriterien in den Statuten zur Förderung der Unabhängigkeit erlassen und diese an der Generalversammlung zur Abstimmung vorlegen. Wohl wichtigste Voraussetzung ist die Transparenz der einzelnen Mitglieder gegenüber dem Gesamtverwaltungsrat. Entsprechend sind somit auch neue/weitere Verwaltungsratsmandate frühzeitig mitzuteilen und deren Genehmigung einzuholen (wobei hierzu das Präsidium als Adressat für eine Vorbeurteilung geeignet ist). Über die vom SCBP genannten Unabhängigkeitsfaktoren hinaus impli-

---

[22] Mit Ausnahme der Geschlechterrichtwerte für börsenkotierte Gesellschaften für die Geschäftsleitung (20 %) und den Verwaltungsrat (30 %), die ab 2026 einzuhalten sind (zuvor «Comply or Explain»).

ziert dies auch die Wahrung der persönlich-, geistig- und finanziellen Unabhängigkeit.[23] Ein Verwaltungsrat sollte erstens idealerweise keine familiären oder allgemeinen tiefverbundenen Beziehungsstränge zu anderen Mitgliedern aufweisen oder diese gar geheim halten, was die Objektivität und professionelle Skepsis einschränken würde (sog. Independence in Appearance and in Fact). Zweitens, ein Verwaltungsrat muss geistig bereit und fähig sein, ein Thema kritisch zu hinterfragen und ein professionelles und integres Urteil als Schlussfolgerung erzielen können (sog. Independence in Mind). Drittens, ein Verwaltungsrat sollte zur Bewältigung seines persönlichen Alltags nicht auf die finanziellen Aspekte aus seinem Mandat angewiesen und somit in seiner kritischen Haltung und in seinen Verwaltungsaktivitäten nicht eingeschränkt sein (sog. Financial Independence).

Kompetenz und Erfahrung: Kompetenz und Erfahrung sind förderlich zur Wahrnehmung der Treue- und Sorgfaltspflichten. Dafür sollte der Verwaltungsrat und/oder das Nominationskomitee die Kompetenzen und Erfahrungsprofile der bestehenden Mitglieder mit den zukünftigen Erfordernissen, welche die Unternehmensstrategie mit sich bringt, abgleichen (Financial Reporting Council [FRC], 2016). Dabei spielen kurzfristige wie langfristige Faktoren eine ausgeglichen starke Rolle. Im Kompetenzprofil sollten Persönlichkeits- und Sozialkompetenz vs. Führungs- und Inhaltskompetenz (Fach/Branche) ausgewogen sein. Beim Kompetenzprofil und der Zusammensetzung des Verwaltungsrats ist (Pro)Aktivität und Voraussicht gefragt. Ist eine Diskrepanz zwischen aktuell und zukünftigem Kompetenzprofil ersichtlich, sollte die Zusammensetzung neu analysiert und der Verwaltungsrat ergänzt oder erneuert werden. Die Performance der Mitglieder resp. des Gremiums und auch die eigene Performance kritisch zu reflektieren, gehört zur professionellen Praxis (sog. Professional Practice); dies auch dann, wenn am Ende die eigene Kompetenzeignung betroffen ist und das Mandat deshalb niedergelegt werden sollte.

Zeitliche Verfügbarkeit: Der SCBP verstärkt die Vorkehrungen gegen das «Overboarding» der Mitglieder des Verwaltungsrates, wie es gerade in Krisensituationen problematisch sein kann. Neu sollen Mitglieder des Verwaltungsrats deshalb sicherstellen, dass sie jederzeit auch erhöhten zeitlichen Anforderungen ihres Amtes entsprechen können und ihre Mandate jederzeit korrekt und gewissenhaft wahrnehmen können. Zudem muss der Verwaltungsrat einen Prozess zur Genehmigung von weiteren Mandaten des Verwaltungsrats und der Geschäftsleitung festlegen (Frick, 2023, S. 103). Auch damit zieht der SCBP die Lehren aus vergangenen Krisen.

---

[23] Analog zu den Kriterien für die externe Revision, siehe IFAC Code of Ethics: https://www.ifac.org/_flysystem/azure-private/meetings/files/0803.pdf.

C. Lead Independent Director

Nach dem SCBP kann ein Unternehmen triftige Gründe für die Ernennung einer Präsidialperson oder eines Mitglieds des Verwaltungsrats haben, obwohl sie oder er nicht alle Unabhängigkeitskriterien erfüllt (Ziff. 15 SCBP). Trifft dies zu, ist die Ernennung eines nicht exekutiven, erfahrenen Mitgliedes als Kontrollinstrument angezeigt (sog. Lead Independent Director; Ziff. 16 SCBP). Verlangt ist dies vom SCBP, wenn der Vorsitzende der Geschäftsleitung das Amt des Verwaltungsratspräsidium ausnahmsweise im Doppelmandat ausübt oder in dieses Amt nachrückt (Ziff. 18 SCBP). Ein Lead Independent Director tritt als unabhängiges Gegengewicht zur Präsidialperson des Verwaltungsrates und als vielseitiges Bindeglied/Vermittler zu den ordentlichen Mitgliedern des Verwaltungsrats und den Interessengruppen auf (Plouhinec, 2018). Die Person, welche die Funktion wahrnimmt, soll somit jemand sein mit ausgesprochenem Vertrauen und mit Integrität.

Die Hauptaufgabe eines Lead Independent Directors besteht darin, die Verwaltungsratspräsidentin oder den Verwaltungsratspräsidenten bei Auftreten eines Interessenkonfliktes in Sitzungen/Konsultationen zu vertreten oder zu beraten. Zur angemessenen Rollenerfüllung soll sie oder er jedoch folgende Aktivitäten/Kontexte im Hinterkopf behalten (Deloitte, 2014).

- Der Lead Independent Director ist primär eine Unterstützung für das Verwaltungsratspräsidium und die Mitglieder des Verwaltungsrats, in keiner Weise soll sie oder er die Autorität der genannten Mitglieder untergraben;
- Der Lead Independent Director soll die Verwaltungsrats-/Ausschusssitzungen leiten, die sich primär um die Nachfolge und Leistungsbeurteilung der Verwaltungsratspräsidentin oder des Verwaltungsratspräsidenten befassen. Sie oder er selbst soll nicht zur Wahl als Verwaltungsratspräsidentin oder Verwaltungsratspräsident zur Verfügung stehen;
- Der Lead Independent Director kann einer permanenten oder temporären Ernennung folgen, in Abhängigkeit von Unternehmenskontext und Auftreten von Unabhängigkeiten-/Interessenkonflikten; und
- Der Lead Independent Director kann (muss aber nicht) durch das Vizepräsidium des Verwaltungsrates wahrgenommen werden.

D. Arbeitsweise von Präsidium und Vizepräsidium und Mitgliedern des Verwaltungsrats

Gilt es, die Verwaltungsratsarbeit effektiv-, nutzen- und zweckorientiert zu gestalten, sind effiziente Arbeitsweisen und -methoden gefragt. Dies umzusetzen bedingt, die Arbeitsweisen angemessen zu planen (sog. Agenda Setting), kritisch und perspektivenorientiert die Themen zu diskutieren, analysieren und entscheiden (sog. Board Discussion) sowie die Verwaltungsratspraktiken in Fremd- und Selbstevaluation zu reflektieren (sog. Periodical Board Evaluation). Sind diese Funktionen/Arbeitsschritte vorausschauend umgesetzt, erhöht dies die Arbeitsmoral/-integrität und reduziert die Arbeitszeit.

Die Präsidentin oder der Präsident des Verwaltungsrats und die Generalsekretärin oder der Generalsekretär des Verwaltungsrats sind vornehmlich für die Planung der Sitzungen zuständig, zeitlich sowie inhaltlich. Die Anzahl an Sitzungen pro Jahr sollte im Minimum vier betragen (Ziff. 16 SCBP); durch die erhöhte Unternehmenskomplexität (u. a. bei börsenkotierten Gesellschaften) sind mehr Sitzungen womöglich angemessen. Die Planung basiert auf der vom Gesamtverwaltungsrat bestimmten inhaltlichen strategischen Konzeption, sollte jedoch mindestens innerhalb einer Jahresperiode folgende Punkte umfassen: Generalversammlung (Traktandierung, Art und Weise Durchführung, Stakeholder-/Shareholder-Dialog), Human Resources (Evaluation Verwaltungsrat und Geschäftsleitung, Vergütung, Nachfolgeplanung), Finanzen (Finanzplanung, Budget, Quartals- und Jahresabschlüsse, Dialog mit internem und externem Revisor), Strategie (Strategieplanung, Strategiefestlegung, Strategieüberprüfung), Weiterbildungen (Workshops, Fachreferate) sowie operativ-institutionelle Dringlichkeiten (z. B. wirtschaftliche und juristische Dringlichkeiten).

Die Traktandierung aller einzelnen Sitzungen wird eng in Absprache mit dem Vorsitzenden der Geschäftsleitung vorgenommen. Eine Traktandierung inkl. Vorbereitungsunterlagen wird stark empfohlen und hat den Vorteil für die Mitglieder, sich besser auf die Sitzungsinhalte vorbereiten zu können. Die Präsidentin oder der Präsident hat die Sitzung zu führen und zu strukturieren und die Generalsekretärin oder der Generalsekretär hat die besprochenen Kerninhalte, Entscheidungen und Massnahmen zu protokollieren (Müller, Lipp & Plüss, 2021, S. 288 ff.). Die Mitglieder sollten womöglich elektronisch auf die Traktanden sowie die vorbereiteten Unterlagen Zugriff haben; es obliegt dabei der Gesellschaft selbst, digitale Plattformen anzubieten und für die entsprechende Vertraulichkeit zu sorgen (Stichwort Cyberrisiken). Bei der Traktandierung sollten folgende Hinweise beachtet werden: (a) Vorzeitige Übermittlung der Sitzungsagenda und der relevanten Unterlagen für die notwendige Vorbereitung der Verwaltungsratsmitglieder; (b) sicherstellen, dass

III. Verwaltungsrat

die weniger interessanten, routinemässigen, aber wesentlichen Punkte nicht vergessen werden; (c) keine «Themenüberladung», es sollte Zeit für Unvorhergesehenes haben (ca. 8–12 Traktandenpunkte pro Sitzung); und (d) Traktandierungspunkte sollten – zumindest über das Jahr hinweg – ein Gleichgewicht zwischen strategischen, aufsichtsbezogenen und institutionellen Elementen aufweisen.

Die Präsidentin oder der Präsident ist für eine effiziente und effektive Sitzungsleitung und Durchführung verantwortlich. Sie oder er fungiert als «Orchestrator»; setzt sich somit ein, dass Raum für Diskussion und Meinungsbildung besteht und alle anwesenden Verwaltungsratsmitglieder die Möglichkeit haben, Argumente offen darzulegen. Als «Orchestrator» nimmt er somit eine Moderationsrolle ein und versucht seine eigene Meinung erst am Schluss in die Diskussion einzubringen. Sie oder er ist somit ein Garant für den Informations- und Gesprächsfluss, ohne jedoch Traktandierungsabläufe aus den Augen zu verlieren und den richtigen Zeitpunkt für die Abstimmungen zu verpassen. Die Generalsekretärin oder der Generalsekretär des Verwaltungsrats unterstützt die Präsidentin oder den Präsidenten hierbei aktiv.

Eine vertiefte Diskussion während der Sitzung zu führen und relevante Fragen zu stellen, benötigt Vorbereitung. Soll die Sitzung effektiv und effizient sein, soll die Präsidentin oder der Präsident die Mitglieder des Verwaltungsrats ermutigen, sich frühzeitig mit den erhaltenen Informationen auseinanderzusetzen und auch eigene Nachforschungen zu betreiben (Huse, Minichilli & Schøning, 2005). Ohne das notwendige Engagement besteht die Gefahr, Zeit mit irrelevanten anstatt mit relevanten Themen zu besetzen (Gabrielsson, Huse & Minichilli, 2007). Darüber hinaus sollten folgende Hinweise beachtet werden: (a) Massnahmen/Pendenzen-Controlling im einleitenden Traktandum integrieren; (b) Vermeidung von Diskussionswiederholungen und Unordnung; (c) Sicherstellen, dass bestimmte Themen zu einem geeigneten Zeitpunkt diskutiert werden; (d) Aufnahme von aus der Diskussion herauskommenden neuen Traktanden/Themen im Traktandum «Diverses» (falls dringlich und ausreichend Zeit) oder in die Planung der nächsten Sitzung); und (e) Vermeidung von «Information Overload» durch eine stufengerechte Aufarbeitung der Informationen durch das Management sowie deren zeitgerechte Zustellung.

Die Präsidentin oder der Präsident und die Verwaltungsratsmitglieder engagieren sich aktiv und seriös in der Sitzungsnachbearbeitung. Das von der Generalsekretärin oder dem Generalsekretär erstellte Sitzungsprotokoll wird von der Präsidentin oder vom Präsidenten geprüft und den Verwaltungsratsmitgliedern zur Durchsicht zugestellt. Es obliegt dann jedem Mitglied selbst, Ergänzungen und Korrekturen anzubringen. Die spezifischen Ergänzungen/Korrekturen sollten den Mitgliedern im Nachgang transparent dargelegt und an der Folgesitzung im Rahmen der Protokollverabschiedung bestätigt resp. im Bedarfsfalle angepasst werden.

Um die Performance des Gesamtverwaltungsrats und aller Mitglieder zu analysieren, obliegt es der Präsidentin oder dem Präsidenten, Praktiken der Arbeitsevaluation auf Verwaltungsratsstufe zu integrieren. Richtlinien und Vorgehensweisen sollten sich hier an den Best Practice orientieren und Eigen- bzw. auch Fremdevaluationsaspekte beinhalten. Themen, die in Evaluationen beurteilt werden können, sind umfangreich, sollten jedoch im Mindesten folgende beinhalten (Themenliste somit nicht abschliessend): Zeitliches Engagement, Unabhängigkeit, (Pro)Aktivität vor/während/nach Sitzungen, Fach-, Führungs- und Persönlichkeitskompetenz, Zusammenarbeit Gesamtgremium, Kultur- und Informationsaustausch (offen, kritisch, relevant), Traktandierung und Sitzungsführung, allfällige resultierende Anforderungen bzgl. Zusammensetzung des Gremium etc. (National Association of Corporate Director, 2011).

E. Interessenkonflikte

Der unter Ziff. 19 SCBP aufgegriffene Umgang mit Interessenkonflikten zur Wahrung der unabhängigen Gesellschaftsinteressen bzw. Konzerninteressen bezieht sich auf den Begriff der Interessenkollision oder des Interessengegensatzes und geht damit über die reine «Interessenberührung» hinaus. Der SCBP verlangt einen differenzierten Umgang mit Interessenkonflikten je nach ihrer Intensität. Ausgangspunkt ist dabei in jedem Fall die interne Offenlegung.

Basierend auf der allgemeinen Sorgfalts- und Treuepflicht (Art. 717 Abs. 1 OR) ist jedes einzelne Mitglied des Verwaltungsrats verpflichtet, sich während der Ausübung ihres oder seines Amtes die Interessen der Gesellschaft zu wahren und danach zu agieren. Das Auftreten von Interessenkonflikten kann sich aufgrund einer Vielzahl von Umständen ergeben, etwa auch der Tätigkeit in Nebenämtern oder im privaten Umfeld, weshalb auch von «Rollentrennung» gesprochen wird. Ein Konflikt kann sich auf das Verwaltungsratsmitglied (direkt) oder auf nahestehende Dritte (indirekt) beziehen.[24]

Lehre und Rechtsprechung (u. a. Sethe, 2018) unterscheiden im Grundsatz zwischen strukturellen Interessenkonflikten (aufgrund rechtlicher oder tatsächlicher Rechtsbeziehungsstruktur) und einzelfallbezogenen Interessenkon-

---

[24] Mit nahestehenden Dritten sind u. a. Ehegatte/Ehegattin oder Familienangehörige gemeint.

flikten (aufgrund Eigen- oder Drittinteresse). Beide Arten von Interessenkonflikten treten oft in den drei folgenden Dimensionen auf (Müller, Lipp & Plüss, 2021):[25]

Interessenkonflikte auf finanzieller Basis: Ein offensichtlicher Interessenkonflikt tritt bei einer finanziellen Bereicherung durch Annahme von Zuschüssen (z. B. Bargeld oder Geschenke), durch Wertsteigerung von Unternehmensbeteiligungen an der mit dem Verwaltungsratssitz verbundenen Gesellschaft oder an einer Zielgesellschaft im Übernahmekampf (z. B. Aktien oder Optionen bei In-sich-Geschäften) oder durch Nutzung von sensitiven Informationen (z. B. Insiderinformationen) auf.[26] Wird das Spektrum erweitert, mit Überschneidung zur Unabhängigkeit, gehört dazu auch die Vergütung des Verwaltungsratsmandates. Zur objektiven Meinungsbildung in den Diskussionen sollte diese im Verhältnis zur privaten Gesamtvergütung als «verhältnismässig geringfügig» eingestuft sein (Sutter-Rüdisser & Sutter, 2014). Als Faustregel gilt, dass die Vergütung des Verwaltungsratsmandats nicht mehr als ein Drittel des Gesamteinkommens der entsprechenden Person beträgt (Müller, Lipp & Plüss, 2021, S. 310 ff.).

Interessenkonflikte auf persönlicher Basis: Personenbezogene Interessenkonflikte beziehen sich mehrheitlich auf die Wahrung von Beziehungsstrukturen in Geschäftsabschlüssen (z. B. Vertragsabschluss mit Familie/Verwandte). Dies schliesst jedoch auch ideologische und moralische Abhängigkeiten (Gesellschaftsentscheide entgegen persönlichen Ideologie- und Moralvorstellungen) sowie das mangelnde persönliche Engagement (Zeitmangel und Unternehmensidentifizierung) mit ein. Auftretende Interessenkonflikte manifestieren sich in vielfältiger Weise, wie beispielsweise persönliche Anschuldigungen, Rücktritt aus Gremien aufgrund Meinungsverschiedenheiten oder rufschädigende E-Mails an eine grosse Anzahl an Adressaten.

Interessenkonflikte auf organisationaler Basis: Organisationale Interessenkonflikte sind unternehmensspezifischer Natur, beziehen sich jedoch mehrheitlich auf gewählte Strukturen der Gesellschaft, des Verwaltungsrats und der Geschäftsleitung. Dazu gehört: (a) die interne (Kreuzverflechtung von Präsidium und Geschäftsführung) und die externe Leitung von Gesellschaften (Doppelorganschaft zwischen Mutter- und Tochtergesellschaft oder sich zwei konkurrierenden Gesellschaften); (b) die gleichzeitige Tätigkeit innerhalb

---

[25] Hier gilt es, Interessenkonflikte mit der Unabhängigkeit nicht zu vermischen, obwohl es einige Überschneidungen gibt.
[26] Von einem In-sich-Geschäft wird gesprochen, falls die gleiche Person als Vertragspartner in verschiedenen Funktionen auftritt, siehe: Straessle, R. & von der Crone, H. C. (2013). Die Doppelvertretung im Aktienrecht, Schweizerische Zeitschrift für Wirtschafts- und Finanzmarktrecht, 4/2013.

einer Gesellschaft als operatives Management und Verwaltungsrat (intern) und das Agieren als Berater und Gutachter (extern); sowie (c) die Nutzung von Unternehmensressourcen/-informationen für Privat- oder Drittzwecke.

Treten Interessenkonflikte auf, sind adäquate Massnahmen zu treffen. Verhaltensempfehlungen beim Auftreten von Konflikten sind von Materialität und Umfang abhängig (sog. Intensität). Grundsätzlich sind Interessenkonflikte immer offenzulegen (Art. 717a OR; Gubler, 2020). Wird der Transparenzpflicht gefolgt, können diese Konflikte im Voraus durch die Verwaltungsratspräsidentin oder den Verwaltungsratspräsidenten oder durch dessen Stellvertreterin oder Stellvertreter angesprochen und angegangen werden (ob, wann und in welchem Umfang). Geeignete Massnahmen umfassen folgende und sollten nach Unternehmen und Kontext ausgesucht werden: (a) Einhaltung der Regeln zu Insider-Informationen und zur Ad-hoc-Publizität (Wissensvorsprünge); (b) Beizug von externem Gutachter (Drittvergleich); (c) Verzicht auf Sitzungsteilnahme (Beratung) und/oder Enthaltung bei Verwaltungsratsabstimmung (Meinungsbildung), dies kann eine doppelte Beschlussfassung enthalten; (d) Bildung von (Sonder-)Ausschüssen oder Einsetzen eines Vertreters (Kontrollerfordernis); und (e) Niederlegung des Verwaltungsratsmandates (Rücktritt oder Aufforderung durch Verwaltungsrat).

Grundsätzlich sollten Interessenkonflikte vermieden werden, was in der Praxis jedoch oftmals schwierig umzusetzen ist (von der Crone, 2020). Ein Beispiel sind Aktionärsvertreter im Verwaltungsrat: Gibt es Vertreter, liegt zwar ein formeller, jedoch per se kein materieller Interessenkonflikt vor (Forstmoser 2002). Bei solchen Sachverhalten ist es deshalb zu empfehlen, individuelle Verhaltensweisen im Organisationsreglement festzulegen und somit die Interaktionen zu steuern.

F. Unternehmenskultur

In Ziff. 12 SCBP wird erstmalig die Verantwortung des Verwaltungsrates hinsichtlich der Unternehmenskultur hervorgehoben. Unternehmenskultur wird gelegentlich auch als «Software of the Mind» bezeichnet (Hofstede, 2010) oder als ein historisch geprägtes Verhaltensmuster, sich wiedergebend in Werten, Normen und Überzeugungen, das der Unternehmung und deren Menschen hilft, miteinander zu interagieren und kommunizieren (Geertz, 1974). Analog zur Strategie wird auch die Kultur von der Geschäftsleitung in ihrer Vorbildfunktion massgeblich geprägt, kultiviert und entwickelt sowie vom Verwaltungsrat regelmässig evaluiert und mitgeprägt. Wichtig ist zu wissen, dass man eine Kultur – als systememergentes Phänomen – nicht direkt gestalten, jedoch sehr wohl indirekt hervorbringen kann. Dies insbeson-

III. Verwaltungsrat

dere über Personalentscheide (Einstellungen, Beförderungen, Kündigungen) sowie Zielvereinbarungs-, Beurteilungs- und Vergütungsprozesse (Klauser, 2021). Eine in den USA erschienene Studie zeigt auf, dass exekutive Mitglieder ein ähnliches Verständnis von Kultur mitbringen, wenn sie Kultur mehrheitlich als Glaubenssystem («a Beliefs System»), als Koordinationsmechanismus («a Coordination Mechanism») und als unsichtbare Hand («an invisible Hand») in einem Unternehmen bezeichnen (Graham et al., 2022). Folgt man dieser Studie weiter, zeigt sich, dass der Verwaltungsrat nicht direkt die Unternehmenskultur beeinflussen kann. Ein Einfluss erfolgt primär indirekt, u. a. durch die Wahl der Geschäftsführung oder etwa durch die Wahl des Vergütungssystems. Gilt es, Kulturdivergenzen innerhalb der Führungsgremien oder zwischen Verwaltungsrat und Geschäftsleitung zu synchronisieren (z. B. entstanden durch M&A), kann die Wahl eines neues Verwaltungsratsmitglieds und/oder Geschäftsleitungsmitglieds eine Gelegenheit sein, diese Synchronisation besser zu erreichen und die richtigen, kulturprägenden Signale in die Gesamtorganisation zu senden. Das Erstellen eines «Kultur-Mapping» zwischen Verwaltungsrat, Geschäftsleitung und potenziellen Kandidaten («Soll-Charakteristiken») kann eine geeignete Massnahme sein, dies umzusetzen (Groysberg et al., 2018).

Vertieft man Ziff. 12 SCBP, wird deutlich, dass die Unternehmenskultur entscheidend ist und drei Teilaspekte umfasst: (a) das Etablieren einer für die Gesellschaft spezifischen Kultur (Exklusivität); (b) die Förderung von Integrität in der Art und Weise der kulturellen Wahrnehmung der Geschäftsführung und der Kontrollinstanzen (Ethik und Moral); und (c) die kontinuierliche Reflexion zur Wahrung und Entwicklung der gelebten Kultur (Wandel und Anpassung).

IV. Verwaltungsratsausschüsse und Zusammenspiel mit interner und externer Assurance

Im Zuge der erhöhten Unternehmenskomplexität und Fülle an Aufgaben, mit welcher der Verwaltungsrat konfrontiert ist, hat sich die Bildung von Komitees (auch Ausschüsse genannt) auf Stufe Verwaltungsrat etabliert. Was die Bedeutung der Teamarbeit für eine effektive Verwaltungsratsarbeit angeht, sind Verwaltungsratsausschüsse zur Norm geworden; verdeutlicht wird dies durch die im Median drei Komitees bei börsenkotierten Gesellschaften (Korn Ferry, 2019). Nachfolgend wird die Konzeption von Ausschüssen beschrieben sowie insbesondere auf den Prüfungs-, Vergütungs- und Nominationsausschuss in der Tiefe eingegangen.

Allerdings bleibt der Gesamtverwaltungsrat verantwortlich für seine unübertragbaren Aufgaben gemäss Art. 716a OR. Diesbezüglich können Ausschüsse lediglich Vorarbeiten leisten, Berichte prüfen, Entscheide des Gesamtverwaltungsrates vorbereiten und gegebenenfalls deren Implementierung überwachen. Die entsprechenden «Kompetenzdelegationen» erfolgen in den Satzungen resp. Reglementen der einzelnen Ausschüsse, welche deshalb nicht nur von diesen selbst, sondern auch vom Gesamtverwaltungsrat genehmigt und regelmässig (i. d. R. jährlich) überprüft werden sollten. Auch für den Geschäftsbericht und den neu verlangten nicht finanziellen Bericht (Art. 964a ff. OR) bleibt der Verwaltungsrat verantwortlich.

A. Formale und konzeptionelle Bildung der Ausschüsse

Im Prinzip etabliert der Verwaltungsrat Ausschüsse zur vertieften Analyse bestimmter Themenbereiche, ohne jedoch Entscheidungskompetenzen zu delegieren. Aufgabe der Ausschüsse ist es deshalb, nach fundierter Analyse, den Gesamtverwaltungsrat umfassend Informationen in den betreuten Themenbereichen zur Verfügung zu stellen (Ziff. 21 SCBP). Prüfungsausschuss, Vergütungsausschuss und Nominationsausschuss sind die in der Praxis meist etablierten; diese können jedoch durch eine Vielzahl an weiteren Ausschüssen ergänzt werden (Ziff. 21 SCBP spricht u. a. von Corporate Governance, Nachhaltigkeit, Digitalisierung/Technologie, Innovation, Risiko und Anlagen). Die Bildung solcher Spezialgefässe kann permanent oder ad hoc (Zeitperiode) und in Ausschüssen oder durch Einzelmandatierung – Letzteres insb. bei mittleren und kleinen Unternehmen – erfolgen. Es obliegt dabei im Kompetenzbereich des Verwaltungsrats, einzelne oder kombinierte Ausschüsse nach Themenbereichen zu establieren und die Aufgaben mit externer Beraterkompetenz wahrzunehmen. Diese Kompetenzen sollten jedoch (a) formell im Organisationsreglement und/oder Ausschussreglement im Verhältnis Verwaltungsrat/Ausschüsse und Geschäftsleitung/Ausschüsse geregelt sein und (b) Unabhängigkeitskriterien erfüllen (Ziff. 21 SCBP).

Die Bildung der Ausschüsse sollte das Risiko und die Komplexität der Unternehmen sowie die Kompetenzen der Verwaltungsratsmitglieder berücksichtigen. Das Mitglied mit Ausschussvorsitz sollte besondere Kompetenzen in der Materie besitzen und die Aufgabe inhaltlich sowie zeitlich verantwortungsvoll wahrnehmen. Der Person obliegt es dabei, ähnlich wie der Präsidentin oder dem Präsidenten auf Gesamtverwaltungsratsstufe, die Ausschussarbeit in effektiver und effizienter Art zu ermöglichen.

B. Prüfungsausschuss

Der Prüfungsausschuss (auch «Audit Comittee») sorgt für eine umsichtige Aufsicht der finanziellen und nicht finanziellen Berichterstattung, des Prüfungsprozesses, des internen Kontrollsystems, der internen Revision (soweit vorhanden) und der Einhaltung von Gesetzen und Vorschriften (CFA Institute, 2020).[27] Bei börsenkotierten Gesellschaften ist die Etablierung eines Prüfungsausschusses obligatorisch. Als Mitglieder des Prüfungsausschusses kommen Verwaltungsratsmitglieder infrage, welche entsprechende Kompetenzen haben und Unabhängigkeit leben; somit in ihrem Geschäftsbegehren die notwendige Expertise zur Aufsicht haben (u. a. Personen mit grosser Expertise in Wirtschaftsprüfung und im Finanz-/Rechnungswesen mit Berücksichtigung von finanziellen und zunehmend auch nicht finanziellen Belangen) sowie unbefangen/unvoreingenommen die Geschäftssituation analysieren und adäquate Massnahmen ableiten. Die Präsidentin oder der Präsident des Prüfungsausschusses soll nicht zugleich die Präsidentin oder der Präsident des Gesamtverwaltungsrats sein, um potenziell dysfunktionale Machtakkumulationen zu vermeiden. Diese Empfehlung schliesst jedoch eine Mitgliedschaft der Verwaltungsratspräsidentin oder des Verwaltungsratspräsidenten im Ausschuss nicht aus.

---

[27] Zu den Aufgaben des Audit Committee: Ruud, T. F., Isufi S. & Sutter-Rüdisser, M. F. (2011). The Role of the Audit Committee for Establishing Effective Risk Management and Internal Control. In Lück, W. (2011), Jahrbuch für Wirtschaftsprüfung, Interne Revision und Unternehmensberatung, Oldenburg, S. 103 ff.

IV. Verwaltungsratsausschüsse und Zusammenspiel mit interner und externer Assurance

1. Unabhängige externe Prüfungen

Die externe Revision prüft unabhängig (a) die Konformität der Jahresrechnung (inkl. Antrags zur Verwendung des Bilanzgewinnes und die Existenz eines internen Kontrollsystems, Art. 728a Abs. 1 OR), (b) erstellt einen umfassenden Bericht zur Rechnungslegung, zum internen Kontrollsystem sowie zum Prüfungsprozess zuhanden des Verwaltungsrats sowie einen Bericht zuhanden der Generalversammlung (Art. 728b Abs. 1 OR) und (c) meldet Verstösse gegen das Gesetz, die Statuten oder das Organisationsreglement, die dem Verwaltungsrat anzuzeigen sind (Art. 728c Abs. 1 OR). Die externe Revision fordert und fördert die eigene Unabhängigkeit stark, auf individueller (Mandatsleiter) und organisationaler Ebene (Revisionsunternehmen). Somit ist die externe Revision gezwungen, den Mandatsleiter alle sieben Jahre auszutauschen und Geschäftsgeheimnisse aus dem Prüfungsprozess zu wahren. Dies inkludiert auch das jederzeitige Selbstprüfungsverbot, womit nicht beraten/gestaltet werden darf, was nachher geprüft wird.

Neben der Generalversammlung und dem Verwaltungsrat ist die Revisionsstelle das dritte Organ einer Aktiengesellschaft. Die Revisionsstelle erfüllt als Organ die Aufgaben der externen Revision und kann gegebenenfalls für weitere Prüfleistungen mandatiert werden, wie z. B. Prüfung von Nachhaltigkeitsberichten (Ziff. 32 SCBP). In Ergänzung zur externen Revisionsstelle (gewähltes Organ) können für spezifische Prüfungs- und Beratungsmandate auch weitere Prüfungsgesellschaften mandatiert werden (im Auftragsverhältnis und nicht als gewähltes Organ).

Der Prüfungsausschuss ist bedacht, mit der Externen Revision engen Kontakt zur Stärkung des Verständnisses der inhaltlich qualitativen sowie quantitativen Kontrollaspekte zu pflegen. Somit umfasst die Kompetenz des Prüfungsausschusses die Empfehlung der Prüfungsgesellschaft zur (Wieder-)Wahl als Revisionsstelle an den Verwaltungsrat und von diesem an die Generalversammlung; nach fundierten Qualitätsmerkmalen, unter Berücksichtigung der Unabhängigkeit und mit Festlegung von Grundsätzen zur Mandatierung von Beratungsleistungen.

Ein Austausch zwischen (Leiter) Prüfungsausschuss und (Leiter) Prüfungsmandat/-team erfolgt zur Festlegung spezifischer Prüfungsschwerpunkte, zur (Vor-)Besprechung der Prüfungsergebnisse und somit für einen optimalen Informations- und Zusicherungsnutzen durch die externe Prüfungsarbeit («External Assurance»). Der Prüfungsausschuss bildet sich dadurch ein eigenständiges Urteil über die externe und interne Revision, das interne Kontrollsystem sowie die finanzielle und nicht finanzielle Berichterstattung. Der Prüfungsausschuss hat Zugang zu den relevanten internen Funktionen («Internal Assurance Functions»: Risk, Compliance, Internal Audit) und dem

Leiter der externen Revision («External Assurance Function»). Er tauscht sich mit ihnen regelmässig aus, um seine Aufgaben sachkundig erfüllen zu können. Mindestens einmal jährlich findet dieser Austausch ohne Teilnahme des Managements statt (sog. Private Sessions).

2. Interne Revision und internes Kontrollsystem

Die Aufgabe der internen Revision besteht darin, auf unabhängige Weise sicherzustellen, dass Risikomanagement, die Unternehmensführung und die internen Kontrollverfahren einer Organisation effektiv und effizient funktionieren. Die interne Prüfung erfolgt nach intern definierten Zielen und extern anerkannten Richtlinien. Prüfungsdimensionen des internen Kontrollsystems (IKS) und die angewandten Prüfungsprozesse der internen Revision umfassen Geschäftstätigkeit (Operations), Gesetzes- und Normenkonformität (Compliance) und finanzielle/nicht finanzielle Berichterstattung (Reporting) (Ziff. 26 SCBP). Die interne Revision ist für die Wirksamkeit des internen Kontrollsystems zuständig; was ein uneingeschränkter Zugang zu allen Informationen voraussetzt und Verantwortung für eine eigenständige und unabhängige Beurteilung mit sich bringt.[28]

Der Prüfungsausschuss hat die Oberaufsicht zur internen Revision (sog. Internal Assurance Function/Services) und die interne Revision ist direkt dem Prüfungsausschuss und dem Verwaltungsrat (und nicht der Geschäftsleitung) unterstellt. Die interne Revision stellt zudem auch interne Mehrwertleistungen für Verwaltungsrat und Management (sog. Consulting Services) zur Verfügung. Prüfungs- und Beratungsleistungen der internen Revision bieten Mehrwert und Wirksamkeit in den Unternehmensprozessen.

Wie im vorherigen Kapitel bereits erwähnt, beziehen sich die «Private Sessions» nicht nur auf die vierte Verteidigungslinie (unabhängige externe Prüfung), sondern auch auf die vorgelagerte dritte (Internal Audit) und zweite Verteidigungslinie (Compliance und Risk Management).[29] Der neue SCBP vereint dieses Konzept der Verteidigungslinien mit den neusten ISO-Entwicklungen zur Governance-Thematik (Bühr, 2022). Das OR hält zwar in Art. 728a fest, die Revisionsstelle habe im Rahmen der ordentlichen Revision die Existenz des IKS zu prüfen, ohne jedoch im Gesetz eine Governance-

---

[28] Mehr zur Rolle der internen Revision: Ruud, T. F. & Friebe, P. & Schmitz, D. & Sutter-Rüdisser, M. F. (2009). Leitlinie zum Internen Audit. SKV, 2., überarbeitete und erweiterte Auflage.

[29] Mehr zur Rolle der einzelnen Verteidigungslinien: Sutter-Rüdisser, M. F. & Germann, C. (2020). Three Lines of Defense Modell – Eine Adaption für Finanzdienstleister. Board – Zeitschrift für Aufsichtsräte in Deutschland, S. 15 ff.

IV. Verwaltungsratsausschüsse und Zusammenspiel mit interner und externer Assurance

Regelung, eine Definition und Mindestanforderungen an das IKS zu nennen. Die Revisionsstelle hat somit die Existenz von etwas begrifflich Unbestimmten zu prüfen. Hier bringt nun der neue SCBP wichtige Präzisierungen, indem das IKS als Trilogie von Risikomanagement, Compliance-Management und Finanzüberwachung definiert wird (Ziff. 26–29). Alle drei Komponenten des IKS haben an Bedeutung gewonnen:

- Ein gutes Risikomanagement ist in Zeiten von Multikrisen resp. Multiherausforderungen unverzichtbar.
- Durch die Aktienrechtsrevision wurde auf 1. Januar 2023 die Bedeutung der Finanzüberwachung erhöht, indem der Verwaltungsrat fortlaufend die Liquidität zu überwachen hat.
- Die Anforderungen an die Compliance sind stark gestiegen (z. B. Konzernverantwortung, Datenschutz). So ist etwa der Umgang mit Daten auch eine neue Thematik im SCBP (Ziff. 30).

Während die interne Revision die Wirksamkeit des IKS beurteilt (vgl. Ziff. 31 SCBP), beschränkt sich die externe Revision von Gesetzes wegen auf die Prüfung der Existenz des IKS.

3. Berichterstattung und Offenlegung

Grundsätzlich sind grössere Gesellschaften verpflichtet, verlässliche Angaben zu finanziellen Informationen, nicht finanziellen Informationen und zur Corporate Governance offenzulegen. Finanzielle Informationen umfassen u. a. historische Informationen zur Performance der einzelnen Unternehmenssegmente (nach Branche, nach Geografie, nach Produktgruppen etc.), Fremdwährungseinflüsse und Aktienkurs- und Dividendenentwicklungen. Nicht finanzielle Informationen hingegen beinhalten Informationen zur Corporate Governance (wie Generalversammlung, Verwaltungsrat und Geschäftsleitung sowie internen und externen Assurance-Funktionen), zur sozialen Verantwortung des Unternehmens (wie Mitarbeitende, Menschenrechte, Gesellschaftsprojekte) und zur Einhaltung von Umweltaspekten (wie CO_2-Ausstoss, Biodiversität, Energie-/Wasserverbrauch).[30] Die Offenlegung der Unternehmensinformationen basiert auf spezifischen Richtlinien/Bestimmungen. Ziel und Zweck der Verfolgung nationaler und internationaler Normen ist die Standardisierung und somit die Vergleichbarkeit der einzelnen Berichtsdaten

---

[30] Mehr zu nicht finanziellen Informationen: Cotter, J., Lokman, N. & Najah, M. M. (2011). Voluntary Disclosure Research: Which Theory is Relevant? Journal of Theoretical Accounting Research, 6(2), pp. 77–95.

und Berichtsinformationen. In der Schweiz sind dabei folgende Bestimmungen massgebend:

- Obligationenrecht (OR), insb. auch Art. 964 OR (Transparenz bei nicht finanziellen Belangen und Sorgfaltspflichten);
- Verordnung über die Berichterstattung über Klimabelange (TCFD);
- Rechnungslegungsrecht (schweizerisches Rechnungslegungsrecht, Swiss GAAP FER, US GAAP, IFRS);
- Bundesgesetz über die Börsen und den Effektenhandel (Börsengesetz, BEHG); und
- Richtlinien der SIX Swiss Exchange betreffend Informationen zur Corporate Governance (SIX Directive).

Wichtig zu wissen ist, dass neben der expliziten Regulierung international, in der EU und in der Schweiz auch eine implizite Verpflichtung entstehen wird. So werden, erstens, multinationale Unternehmen mit Mutter- und Tochtergesellschaften in der EU und in der Schweiz wohl konsolidierte Nachhaltigkeitsberichte nach gleichen Standards erstellen und vermehrt von externer Seite prüfen lassen. Zweitens werden über den Lieferkettenaspekt in der Schweiz auch KMU vermehrt über nicht finanzielle Belange (wie z. B. CO_2-Reduktion) berichten müssen, wenn sie an Grossabnehmer in der Schweiz und im Ausland weiterhin liefern wollen. Zudem dürften, drittens, sich auch anderweitige KMU mit der Nachhaltigkeitsthematik aus eigenem Antrieb vermehrt strategisch auseinandersetzen mit Blick auf ihre Relevanz am Kundenmarkt und ihrer Arbeitgeberattraktivität am Personalmarkt – Letzteres ist gerade in Zeiten des Fachkräftemangels besonders wichtig und dringlich (Beil, Klauser & Prosperi, 2023).

Prinzipiell ist die Berichterstattung und Offenlegungspflicht ein Kontrollaspekt zur Eingrenzung der organisationalen Machtansprüche (sog. Checks on the Use of Power; Berle & Means, 1939). Die Veröffentlichung glaubwürdiger und relevanter Informationen ermöglicht, Marktunsicherheiten zu reduzieren, die Legitimität gegenüber aussen zu erhöhen und erlaubt Dritten, die Unternehmensaktivitäten besser zu verstehen und Analyse- und Investitionsentscheide zu fällen (Healy & Palepu, 2001). Gilt es, Unsicherheiten anzugehen bzw. die Marktnachfragen nach Unternehmensdaten zu befriedigen, werden Informationen über die regulatorischen Anforderungen (sog. Mandatory Disclosure) hinaus publiziert. Diese freiwillige Berichterstattung (sog. Voluntary Disclosure) wird von Stakeholdern oftmals positiv goutiert, ist jedoch seitens der Gesellschaften mit Herausforderungen versehen: Verlust von Wettbewerbsvorteilen (sog. Secrecy), Ungleichgewicht zwischen Ertrag und Aufwand zur Sammlung von Informationen (sog. Disclosure Efforts) und Unsicherheit bezüglich potenzieller Rechtsstreitigkeiten (sog. Uncertainty of Outcome) sind einige Beispiele, die genannt werden können (Elliott & Jacobson, 1994).

Gilt es, das Spektrum «Mandatory vs. Voluntary Disclosure» in die Corporate-Governance-Diskussion einzubetten bzw. mit Perspektive zu versehen, ist eine Offenlegung über die obligatorische Berichterstattung hinaus sehr zu begrüssen (Germann, 2021). Einerseits ist es ein Symbol für das Streben nach Professionalität, die Stakeholder-Erwartungen zu erfüllen. Andererseits zeigt die aktive Kommunikation die fortgeschrittene Implementierung bzw. Etablierung solcher Prozesse im Unternehmen auf. Nach dem Motto «Walk the Talk» dient die Berichterstattung über die notwendigen Inhalte hinaus auch den Mitarbeitenden – nebst Geschäftsführung und Verwaltungsrat – als Nordstern zur Orientierung und kulturellen Verankerung. Gesellschaften, die sich jedoch für mehr Transparenz entscheiden, sollten dies mit «Bewusstsein und Strategie» verfolgen.[31] Schliesslich sollten die Informationen auch Erwartungen an Standardisierungspflichten erfüllen. Gemäss dem Climate Disclosure Standards Board (CDSB, 2019) sind dies u. a. Anforderungen an Relevanz (sog. Materiality), Vollständigkeit (sog. Completeness), Genauigkeit (sog. Accuracy), Vergleichbarkeit (sog. Comparability) und Zuverlässigkeit (sog. Reliability). Die Definition von Umfang und Adressatenkreis ist deshalb unvermeidlich.[32]

In der Berichterstattung folgt der SCBP dem Prinzip der inhaltlichen Empfehlung im Bewusstsein, dass Governance und Berichterstattung u. a. in Abhängigkeit von Unternehmensgrösse und Aktionariatsstruktur variieren kann. Im Zuge der Gestaltungsautonomie erlässt der Code den Unternehmen die Möglichkeit, von den SCBP-Richtlinien abzukehren, falls dies zur Förderung einer «Good Practice» führt. In diesem Falle haben mindestens die börsenkotierten Unternehmen jedoch dem «Comply or Explain»-Prinzip zu folgen; ergo angemessene Gründe zu liefern, warum die Abkehr von den Richtlinien beim vorstehenden Sachverhalt im Sinne des Unternehmens ist.[33] Zweck dieses Verfahrens ist es, die Aktionäre zu informieren, damit diese die Sachlage beurteilen

---

[31] Z. B. in der Nachfolgeplanung: Sutter-Rüdisser, M. F. & Germann, C. (2023) Kommunikation bei der Nachfolgeplanung des Aufsichtsratsvorsitzes: Die Pressemitteilung als Promotionsvehikel, Board, (1), S. 24–28.

[32] Z. B. die acht «loci argumentorum»-Kriterien: Quis (wer und wem gegenüber), Quid (was), Quando (wann), Ubi (wo), Cur (warum), Quantum (wie viel), Quomodo (wie) und Quibus auxiliis (wodurch); siehe: Ferramosca S. & Ghio A. (2018). Accounting choices in family firms. An analysis of influences and implications. In: Contributions to management science. Springer: Cham.

[33] Für eine Übersicht zwischen «Comply or Explain» und «Comply or Else»: Sarkar, S. (2015). The Comply-or-Explain Approach for Enforcing Governance Norms. Forthcoming in Corporate Governance in India: Challenge and Continuity, Indian Institute of Corporate Affairs. Oxford University Press: Oxford.

können, ob die Nichteinhaltung der Vorschriften angesichts der Umstände des Unternehmens gerechtfertigt ist. Eine Abweichung des «Comply» ist deshalb per se nicht als falsch zu bezeichnen, sondern folgt eher der Einschätzung, dass sich das Unternehmen aktiv mit der Thematik auseinandersetzt und mit dem «Explain» der Corporate Governance genügend Achtung schenkt. Studien zeigen, dass ein «Comply or Explain»-Transparenzstreben mit einer höheren/positiveren Unternehmensleistung verbunden ist (Rose, 2016).

Die Einführung der «Comply or Explain»-Praktik als «Katalysator des Strukturgestaltungsprozesses in Unternehmen» hat sich seit Einführung des SCBP im Jahr 2002 bewährt; nicht nur national, sondern auch auf internationaler Ebene (Hofstetter, 2014). Trotz Erfolg gilt es, den Grundsatz bzw. die Anwendungsmethoden weiterzuentwickeln und zu fördern. Das Financial Reporting Council (FRC), zuständig für die Publikation des UK Corporate Governance Code, hat sich dieser Frage angenommen und die «Comply or Explain»-Praktiken der Unternehmen analysiert.[34] Das Resultat der Studie zeigt, dass Unternehmen offenbar zögern, bestimmte Abweichungen klar und deutlich offenzulegen. Unter anderem bei Jahresberichten ist ein Mangel an Klarheit (Präsentation der zur Verfügung stehenden Informationen) und Transparenz (Detailgrad der zur Verfügung stehenden Informationen) ersichtlich. Folgende Punkte wurden durch das FRC als Entwicklungspotenziale identifiziert:[35]

– Unternehmen sollten verstärkt aufzeigen, welche Bestimmungen die Abweichungen betreffen und wo diese in den Jahresberichten zu finden sind (falls eine Bestimmung nicht in vollem Umfang erfüllt werden konnte).

– Unternehmen sollten jede Abweichung von einer Bestimmung des Kodexes nennen, unabhängig von Materialität und Umfang Abweichung einräumen und vollständig und umfassend erklären, mit Vermeidung von unspezifischen Standarderklärungen (sog. Boilerplate Statements; Keay, 2014).

– Unternehmen sollten Abweichungen mit aussagekräftigen und bestimmten Erklärungen verdeutlichen, warum die jeweilige Abweichung resp. der gewählte Ansatz effektiver und effizienter ist, insbesondere mit Hinweisen zu Kontext und Situation, Begründung für gewählten Ansatz, entstehende Risiken durch Ansatz, Zeitperiode, bis Anforderungen von «Comply» wieder erfüllt sind.

---

[34] Siehe Studie hier: Financial Reporting Council (FRC) (2021). Improving the quality of ‹Comply or Explain› reporting. Downloaded from: https://www.frc.org.uk/getattachment/6a4c93cf-cf93-4b33-89e9-4c42ae36b594/Improving-the-Quality-of-Comply-or-Explain-Reporting.pdf.

[35] Ebenso durch folgende Studie: Seidl, D., Sanderson, P. & Roberts, J. (2013). Applying the ‹Comply-or-explain› principle: discursive legitimacy tactics with regard to codes of corporate governance, Journal of Management and Governance, 17, pp. 791–826.

IV. Verwaltungsratsausschüsse und Zusammenspiel mit interner und externer Assurance

C. Vergütungsausschuss

Der Vergütungsausschuss (auch «Remuneration Committee») sorgt für eine umsichtige Entschädigungspolitik auf Stufe Verwaltungsrat, Geschäftsleitung und Kadermitarbeiter. Zu den primären Aufgaben der Mitglieder des Vergütungsausschusses gehören, die Grundsätze und Richtlinien anhand der Unternehmensstrategie festzulegen, diese dem Verwaltungsrat respektive der Generalversammlung vorzuschlagen (obligatorisch bei börsenkotierten Gesellschaften, Art. 735 Abs. 1 OR) und ihre Implementierung und Ausführung zu beaufsichtigen.[36] Elemente zur Vergütung folgen Grundsätzen der Unternehmensstatute; zwingend ist die Erstellung eines Vergütungsberichts (Art. 716a Abs. 1 Ziff. 8 OR; Art. 734 Abs. 1 OR).

Die Etablierung eines Vergütungsausschusses ist bei börsenkotierten Gesellschaften obligatorisch und dessen Mitglieder werden von der Generalversammlung gewählt (Art. 733 Abs. 2 OR). Wählbar sind nur Mitglieder des Verwaltungsrats. Mitglieder stehen nicht in einer Kreuzverflechtung, sind nicht exekutiv tätig und sind unabhängig (Ziff. 37 SCBP). Zur Wahl in den Vergütungsausschuss sollten Mitglieder Kompetenzen und Erfahrungen im Vergütungsmanagement aufweisen (folgende Aufzählung ist nicht abschliessend; exemplarisch etwa das Institute of Directors Southern Africa, 2018):

– Kompetenz zur Verflechtung von Strategie, Betriebsmodell und Wertschöpfung sowie Verständnis, wie nachhaltiges Unternehmenswachstum durch Humankapital erzielt wird;

– Kompetenz in Makro- und Mikroökonomie, Verhaltensökonomie und Finanzkennzahlen (sog. Social and Financial Metrics), um in der Lage zu sein, die Auswirkungen der Ergebnisse verschiedener Vergütungssysteme sowohl in finanzieller als auch in nicht finanzieller Hinsicht zu berechnen;

– Kompetenz in Vergütungspraktiken, Vergütungsprozessen und Vergütungssystemen am geografischen Standort/an den geografischen Standorten, wo die Organisation tätig ist/sind; und

– Kompetenz in Kulturfragen und organisationaler Wertorientierung.

Die Präsidentin oder der Präsident des Vergütungssausschuss soll nicht zugleich die Präsidentin oder der Präsident des Gesamtverwaltungsrats sein, um potenziell dysfunktionale Machtakkumulationen zu vermeiden. Diese Empfehlung schliesst jedoch eine Mitgliedschaft der Verwaltungsratspräsidentin oder des Verwaltungsratspräsidenten im Ausschuss nicht aus.

---

[36] Für ausführliche Angaben zu den Aufgaben des Vergütungsausschusses: von der Crone, (2020).

IV. Verwaltungsratsausschüsse und Zusammenspiel mit interner und externer Assurance

In den Ausführungen zur Vergütung führt der SCBP Grundsätze zur Vergütungspolitik, zum Vergütungssystem und zum Vergütungsbericht aus. Der frühere Annex des Swiss Code von 2014 zu den Vergütungen wurde als eigenes Kapitel in den SCBP integriert. Dies reflektiert die zentrale Bedeutung des Themas für die Reputation des Unternehmens und das Vertrauen der Gesellschaft in die Wirtschaft. Der Verwaltungsrat soll dazu den Dialog mit den Aktionären und weiteren Anspruchsgruppen pflegen und eine Vergütungspolitik beschliessen, welche die strategischen Ziele der Gesellschaft berücksichtigt. Diese direkte Verknüpfung mit der Unternehmensstrategie ist neu und umfasst auch die Verankerung von Nachhaltigkeitszielen in den Vergütungssystemen. Dazu kommen Regeln zu den aktienbasierten Vergütungen, beispielsweise neue Haltefristen, aber auch Hinweise an den Verwaltungsrat, die Aussenwirkung der Vergütungen zu berücksichtigen. Letztlich geht es darum, die Interessen der obersten Verantwortungsträger mit den Interessen langfristig engagierter Aktionäre möglichst in Übereinstimmung zu bringen (Frick, 2023, S. 106).

1. Vergütungspolitik

Die Vergütungspolitik (auch Vergütungsstrategie) bezieht sich auf Massnahmen und Vorgehensweisen zur Gestaltung der Entlöhnung von Verwaltungsrat, Geschäftsleitung und Mitarbeitenden, dies im Einklang der strategischen Zielerreichung aus Sicht Unternehmen und der Konkurrenzfähigkeit auf dem (Arbeits-)Markt. Die Verantwortlichkeit der Ausarbeitung obliegt dem Verwaltungsrat respektive dem Vergütungsausschuss, mit operativer Umsetzung durch die Geschäftsleitung. Die Vergütungspolitik dient somit als Basis zur Performancekultur, ist Bestandteil der Personalpolitik und soll Mitarbeitende motivieren und für das Unternehmen begeistern. Da in enger Verbindung zur Unternehmensstrategie und -kultur stehend, soll die Vergütungspolitik langfristig und nachhaltig sein und die Entschädigungen in einem angemessenen Verhältnis zu Zahlungen an das Aktionariat, zu unternehmerischen Investitionen/Rückstellungen sowie zur Geografie und Standort der Unternehmung stehen (Ziff. 39 SCBP). Die Festlegung der Vergütungspolitik soll kulturelle Werte widerspiegeln und auch als «kultureller Anker» dienen.

2. Vergütungssystem

Ein Vergütungssystem beschreibt die Funktion/Leistungsart der Vergütung bzw. Entlöhnung. Zur Auswahl eines angemessenen Systems sind Vor- und Nachteile für Mitarbeitende und Organisation abzuwägen und die «beste Lösung», im Zusammenwirken auch mit den betrieblichen Prozessen, zu wählen (Weissenrieder, 2014). Die Ausgestaltung eines wirksamen Vergütungssystems umfasst die drei Aspekte der Leistungsgerechtigkeit (Zielerreichung als Individuum/Team), der internen Verteilungsgerechtigkeit und der Marktgerechtigkeit.

Prinzipiell sind folgende treibende Faktoren bei Festlegung des Systems zu beachten:

- Funktion und Position sowie Ausbildung, Berufserfahrung und essenzielle Expertise des Mitarbeitenden;
- Variable Vergütungselemente sollten im Einklang mit den Zielen/Vergütung des Aktionariats sein;
- Fixe Vergütungsbestandteile werden ergänzt um variable Vergütungsbestandteile hinsichtlich kurz-, mittel- und langfristiger Performancekriterien/-ziele;
- Für Verwaltungsrat und Geschäftsleitung: Fixe Vergütungen sind Geldzahlungen; diese sollten sofort verfügbar sein (keine Sperr-/Haltefrist). Variable Vergütungen können Geldzahlungen, Aktien oder Optionen zum Bezug von Aktien sein; diese sollten zeitlich aufgeschoben verfügbar (mit Sperr-/Haltefrist), jedoch die unterliegenden Performancekriterien und der Zeithorizont angemessen und sinnvoll sein; und
- Für Mitarbeitende (nicht exekutiv/in Geschäftsleitung tätig): Fixe Vergütungen sind Geldzahlungen; ggf. ergänzende variable Vergütungen; diese sollten sofort verfügbar sein; können aber bei Aktien auch aufgeschoben sein (Sperr-/Haltefrist), jedoch sollte der unterliegende Zeithorizont angemessen und sinnvoll sein.

Im Grundsatz soll das Verhältnis von fix und variabel im Einklang mit der Vergütungspolitik, Nachhaltigkeit und Unternehmenskultur sein. Dazu gehört auch, die Gesamtvergütung des Verwaltungsrats und der Geschäftsleitung performanceorientiert auszugestalten; bei positiver Zielerreichung zu erhöhen (Bonus) und bei negativer Zielerreichung zu verringern (Malus).

Schon das Schweizer Aktienrecht sieht gesetzliche Rückforderungsklagen vor (Art. 678 OR), welche bisher aber selten Anwendung fanden. Sind ein offensichtliches Fehlverhalten in der Geschäftsführung, eine Vernachlässigung der Treuepflicht bei der korrekten Bilanzierung von Vergütungsparametern (sog. Over-Reporting) und/oder ethisch oder rechtlich fragwürdige Handlungsweisen aufgetreten, kann das Vergütungssystem auch in den entsprechenden Verträgen der Verwaltungsrats- und Geschäftsleitungsmitglieder Bestimmungen enthalten, die es dem Unternehmen ermöglicht, Teilvergütungen von Führungskräften auf Grundlage früherer Gewinne zurückzufordern (sog. Clawback). Oftmals sind diese Handlungen für das Unternehmen mit erheblichen finanziellen und reputationsbezogenen Verpflichtungen verbunden. Eine

Rückforderung trifft jedoch nur auf die Verantwortungsträger und Verantwortungsträgerinnen auf der obersten operativen und nicht operativen Exekutiv- und Aufsichtsebene zu.

Im Grundsatz obliegt es den Unternehmen selbst, die Bestimmungen zur Festlegung von Rückzahlungspflichten auszugestalten. Das UK Department for Business, Energy & Industrial Strategy (2022) hat sich bereits verstärkt mit der Implementierung von Clawbacks befasst (u.a. mit dem referenzierten Konsultationspapier). Darauf basierend, sollen Mindestrückforderungsbedingungen (sog. Trigger Points) festgelegt werden. Folgende Mindestbedingungen sollten dabei eingehalten werden (S. 80):

- Wesentliche Falschdarstellung der Ergebnisse oder ein Fehler in der Leistungsberechnung;
- Wesentliches Versagen des Risikomanagements und der internen Kontrollen;
- Fehlverhalten;
- Verhalten, das zu finanziellen Verlusten führt;
- Rufschädigung; und
- Unangemessenes Versäumnis, die Interessen von Mitarbeitern und Kunden zu schützen.

Die definitiven Bestimmungen obliegen jedoch dem Kompetenzbereich der Unternehmen. Diese haben somit die Möglichkeit, die Mindestbestimmungen zu erweitern oder auf den unternehmensspezifischen Kontext anzupassen. Gleiches gilt auch für die Ausgestaltung der Höhe bzw. der Vergütungsarten, auf die sich die Bestimmungen beziehen. Letzteres sollte mit Sorgfalt angegangen werden, hat sich in der Praxis doch gezeigt, dass Bestimmungen oftmals mit Schwierigkeiten in der praktischen Rückforderung verbunden waren (Bhagat & Elson, 2021). Die Vertragsbestimmungen sollten deshalb präzise in der Ausgestaltung, aber auch durchsetzbar sein.

3. Vergütungsbericht

Der Zweck des Vergütungsberichts ist es, über die Vergütung innerhalb der Gesellschaft Bericht zu erstatten und Rechenschaft abzulegen (Verwaltungsrat, Geschäftsleitung und Beirat). Ziff. 38 SCBP hält dabei fest, Prinzipien zur Nachvollziehbarkeit bei Planung, Vorschlag und Umsetzung einzuhalten. Dies hat einen gesellschaftspolitischen Hintergrund, ausgelöst zunächst durch «die Verordnung gegen übermässige Vergütungen bei börsenkotierten Aktiengesellschaften» (VegüV, auch Minder-Initiative), welche nachfolgend in das neue Aktienrecht integriert wurde. Der Vergütungsbericht sollte das Vergütungssystem beschreiben und dieses sollte auch – im Hinblick auf Transparenz (Informationsgehalt) und Konsistenz (Zeitperiode) – den Aktionären und Stakeholdern vermittelt werden.

D. Nominationsausschuss

Der Nominationsausschuss (auch «Nomination Committee» oder «Human Capital/Resources Committee») sorgt für eine umsichtige Nachfolgeplanung auf Ebene Verwaltungsrat und Geschäftsleitung und bietet ggf. grundsätzliche «Guidance» für weitere Personaleinstellungen. Eine Neuwahl, Wiederwahl oder Ersatzwahl von Verwaltungsrats- und Geschäftsleitungsmitgliedern soll professionell erfolgen; durch einen systematisch geplanten Prozess und anhand objektiver Auswahlkriterien (Leube, 2012). Auch bei sonstigen Schlüsselfunktionen (nicht Verwaltungsrat und Geschäftsleitung) kann dem Nominationsausschuss je nach interner Regelung eine Funktion zukommen. Zu den primären Aufgaben der Mitglieder des Nominationsausschusses gehören (Kaczmarek, Kimino & Pye, 2012): (a) Vorausschauend basierend auf dem vordefinierten Kompetenzprofil potenzielle Kandidatinnen und Kandidaten zu identifizieren und diese dem Gesamtverwaltungsrat vorzuschlagen; (b) neue an der Generalversammlung gewählte Kandidatinnen und Kandidaten einzuarbeiten (sog. Onboarding); (c) die Verwaltungsräte periodisch zu beurteilen (sog. Board Assessment) und anstatt, intern/extern weiterzubilden (sog. Board Education); und (d) notwendige Unternehmensgrundsätze vorzuschlagen (sog. Necessary Corporate Principles).

Mitglieder des Nominationsausschusses sind Verwaltungsratsmitglieder. Diese Mitglieder sollten vorwiegend unabhängig und nicht exekutiv tätig sein (Ziff. 25 SCBP). Die Vorsitzende oder der Vorsitzende des Nominationsausschusses soll nicht die Präsidialfunktion des Gesamtverwaltungsrats innehaben. Dies ist u. a. zur Wahrung der Professionalität bei der Nachfolgeplanung des Verwaltungsratspräsidiums wichtig (Germann, 2023). Die Empfehlung schliesst jedoch eine Mitgliedschaft der Verwaltungsratspräsidentin oder des Verwaltungsratspräsidenten im Nominationsausschuss nicht aus. Mitglieder des Nominationsausschusses sollten folgende Kompetenzen und Erfahrungen im Human-Resources-Management aufweisen (folgende Aufzählung ist nicht abschliessend):

– Kompetenz und Erfahrung bei der Entwicklung einer Human Capital-/Resources-Strategie, mit Verflechtung zur Unternehmenskultur (top-down);

- Ausgeprägte Sozialkompetenz zur Förderung der Kommunikation und Erwartungshaltungsklärung mit einer Vielzahl an internen (Präsidium, Gesamtverwaltungsrat, Generalsekretariat, Management) und externen Stakeholdern (Aktionariat, Stimmrechtsberater, NGOs);
- Ausgeprägte Persönlichkeit und Ethik mit Fähigkeiten zur (Selbst-)Reflexion, (Selbst-)Einschätzung und (Selbst-)Regulierung, gepaart mit einem guten Reputationsmanagement auf individueller und kollektiver Basis; und
- Kompetenz als Sparringpartner und «Gatekeeper» zum Verwaltungsratspräsidium, CEO und dem Gesamtverwaltungsrat in der vorausschauenden Planung.

1. Nachfolgeplanung auf Stufe Verwaltungsrat und Geschäftsleitung

Die Nachfolgeplanung wird dem Humankapital-Bereich zugeordnet (Sonnenfeld, 2002). Sie ist als vorbereitende Aktivität zur Suche nach einer Nachfolgerin oder einem Nachfolger zu verstehen. Eine kohärente und systematische Planung dient dazu, die effektive Leistung einer Organisation sicherzustellen und fortzusetzen (Rothwell, 2005). Insbesondere auf Stufe Verwaltungsrat und Geschäftsleitung ist es deshalb wichtig, die Nachfolgeplanung proaktiv und vorausschauend anzugehen. Das Auswahlverfahren ist transparent und strukturiert zu gliedern, wie dies Sir. Adrian Cadbury bereits im Jahre 1992 verdeutlichte: «[Succession processing is done] on merit and not through any form of patronage» (Cadbury, 1992, S. 23). Die Nachfolgeplanung wird deshalb als die «ausgereifteste Form» in der Personalplanung bezeichnet; als die logische, präventive Ergänzung der Akutbesetzung (Personalplanung für aktuelle Vakanzen; Bujaki & McConomy, 2002).

Im Unterschied zur Nachfolge auf Kaderstufe und Stabstelle bedingt die Nachfolgeplanung auf Stufe Verwaltungsrat und Geschäftsleitung einige Spezifika. Diese können folgende Dimensionen umfassen:

- Die Nachfolgeplanung ist stark mit einzel-, team- und gesellschaftsspezifischen Performance- und Kompetenzkriterien verbunden. Ausschlaggebend sind die Kompetenzen des Gesamtverwaltungsrates zur Erfüllung der notwendigen Aufgaben. Die Überprüfung findet periodisch statt; gegebenenfalls mit Beizug externer Beratungsleistungen zur Stärkung der Objektivität.
- Die Nachfolgeplanung ist ein konstanter, systematischer und strategischer Prozess. Statuten und Organisationsreglement regeln die Maximalbedingungen zur Mandatsausführung (u. a. Alter, Amtszeit, Geschlechterquote,

Mandatsverteilung); diese sollten jedoch nicht «ausgereizt» werden. Stimmen die «Soll- vs. Ist-Kompetenzen» im Verwaltungsrat als Gesamtgremium nicht mehr mit der strategischen (Neu-)Orientierung überein, soll dies (pro)aktiv im Nominationsausschuss angegangen und offen angesprochen werden.

- Die Nachfolgeplanung ist zukunftsorientiert und das Timing entscheidend. Schlüsselpositionen sind deshalb gestaffelt zu ersetzen (u.a. besonders Verwaltungsratspräsidium/CEO und Verwaltungsratspräsidium/Vizeverwaltungsratspräsidium).
- Die Nachfolgeplanung ist systematisch anzugehen und notwendige Abklärungen sind im Voraus zu planen bzw. einzuholen (Stichwort Gewährspflicht FINMA).[37] Die Generalsekretärin oder der Generalsekretär zusammen mit der Vorsitzenden oder dem Vorsitzenden des Nominationsausschusses ist für eine angemessene Planung und Protokollierung der Prozessschritte verantwortlich.

2. Beizug Personalberatung für Verwaltungsrat und Geschäftsleitung

Personalberatungen (auch Headhunter, Executive Search oder Board Advisory) unterstützen den Nominationsausschuss oftmals in der Nachfolgeplanung von Geschäftsführung und Verwaltungsrat. Sie sind Intermediäre zwischen Unternehmen und Kandidatin oder Kandidat, indem sie Kandidaten vorschlagen, Kontakte herstellen und den Aktivitäts- und Informationsfluss zwischen den Parteien steuern (Simmons, 2019). Folgt man Studien, ziehen rund zwei Drittel aller börsenkotierten Gesellschaften die Unterstützung einer Personalberatung im Nachfolgeprozess bei (Doldor et al., 2012). Gründe dafür sind vielfältig, sind jedoch primär auf die «Gatekeeper»-Funktion und auf die Objektivität und Transparenz im Prozess zurückzuführen. Unternehmen können so den Kandidierendenpool erhöhen und erhalten Input zur Professionalisierung, Systematik, Formalität und Wirksamkeit im Prozessablauf (Schepker et al., 2018).

Ob eine Personalberatung im Nachfolgeprozess beigezogen wird, liegt in der Entscheidungsbefugnis des Nominationsausschusses. Ausschlaggebende Kriterien sind Kompetenz und Unabhängigkeit innerhalb des Gremiums bzw. das Prozess- und Human-Resources-Fachwissen und die «Nähe» der Mitglieder zu den Kandidatinnen oder Kandidaten, die potenziell in Betracht kommen könnten.

---

[37] Weiteres zur FINMA-Gewährspflicht, siehe: https://www.finma.ch/de/durchsetzung/datensammlung-gewaehr-und-gewaehrspruefung/.

E. Weitere Ausschüsse

Insbesondere in komplexeren und grösseren Unternehmen sowie in spezifischen Situationen können weitere Ausschüsse – temporär oder dauerhaft – gebildet werden. Dies ist mit der Handhabung der erhöhten Komplexität und dem immensen Informationsfluss zu begründen. Eine institutionelle Implementierung solch weiterer Ausschüsse ist oftmals durch das Geschäftsmodell getrieben. Hier muss sich der Verwaltungsrat jedoch bewusst sein, dass eine Aufgabendelegation an Ausschüsse nicht mit einer Verantwortungsdelegation verbunden ist. Im Sinne von Art. 716a OR ist weiterhin der Gesamtverwaltungsrat für die Wahrnehmung der unübertragbaren und unentziehbaren Aufgaben verantwortlich.

Solch weitere Ausschüsse werden in der Folge kurz erwähnt:

1. Strategieausschuss

Ein Strategieausschuss (auch «Strategy Committee») ist zur Bewältigung strategischer Weiterentwicklungen und/oder Transformationen zuständig. Dabei hat er die primäre Rolle, in einer vorbereitenden Funktion für den Gesamtverwaltungsrat Strategien bzw. strategische Stossrichtungen/Optionen entscheidungsreif aufzubereiten – u. a. in Leistungs-/Geschäftsbereiche sowie in Kundengruppen, Märkten, Regionen (Wommack, 1979). Die Ausarbeitung erfolgt oftmals stark im Einklang bzw. in Zusammenarbeit mit der Geschäftsführung (u. a. mit dem CEO und Head of Strategy). Die Mitglieder des Ausschusses prüfen und synchronisieren somit die strategischen Pläne bzw. die strategische Ausrichtung der Gesellschaft und unterbreiten dem Gesamtverwaltungsrat entsprechende Entscheidungsvorschläge.

Mitglieder des Verwaltungsrats, die für den Strategieausschuss nominiert werden, sollten vertiefte Kenntnisse mit Strategiepraktiken und Erfahrung mit der Branche bzw. mit dem Geschäftsmodell der Unternehmung aufweisen. Auch industriefremde Personen sind von Vorteil miteinzubeziehen, um die Perspektivenvielfalt innerhalb des Strategieausschusses zu gewährleisten. Ist eine Person der Geschäftsleitung Delegierter des Verwaltungsrats, ist es im Normalfall hilfreich, zur Verbindung der operativ und nicht operativen Ebene, diese Person als Mitglied in den Strategieausschuss aufzunehmen.

2. Technologieausschuss

Der technologische Wandel und die verstärkte Digitalisierung fordern den Verwaltungsrat auf, sich stärker mit der Thematik zu engagieren.[38] Die Bildung eines Technologieausschusses hat oftmals auch eine starke symbolische Bedeutung. Ein Technologieausschuss widmet sich dem Schnittpunkt von Strategie und Technologie, mit Berücksichtigung von Investitionen und Risikoprofil der Gesellschaft. Insbesondere für Unternehmen mit Technologie als zentralem Geschäftsfaktor oder jene, die sich einen technologiebedingten Unternehmensvorteil im Markt erhoffen, kann die Bildung eines Technologieausschusses und ein aktives Engagement des Verwaltungsrats angezeigt sein (u. a. bei Banken, Versicherungen, Software- und Telekomunternehmen). Ausschüsse erlauben dabei, Technologieentwicklungen zu kontextualisieren, Risiken entsprechend zu priorisieren (u. a. Cybersicherheit, «Know-Your-Customer»-Richtlinien) und sich bietende Chancen zu erkennen (McKinsey & Company, 2022).

Zur inhaltlich strategischen Vertiefung der Aufgaben des Technologieausschusses ist es förderlich, dass die Mitglieder über Technologiekompetenz – in der Integration und Anwendung – sowie über Branchen-/Unternehmenskenntnisse verfügen. Dies erlaubt, Technologie in bestehende Geschäftsfelder einzuführen bzw. in neue Geschäftsfelder mit einer starken Digitalisierungsstrategie einzutreten. Personen sollten deshalb Experten/Kenntnisse in Digitalisierung und Technologiethemen aufweisen.

3. Nachhaltigkeitsausschuss

Die Formierung eines Nachhaltigkeitsausschusses (auch «Sustainability Committee») hilft, das Thema Nachhaltigkeit im Verwaltungsrat und in der Unternehmensstrategie zu verankern und mit Priorität zu versehen. Entsprechend kann es von Vorteil sein, wenn der Strategieausschuss und der Nachhaltigkeitsausschuss in «Union» geführt sind.

Die Hauptaufgabe des Nachhaltigkeitsausschusses ist die Oberaufsicht und Steuerung der Interaktion zwischen Unternehmen und Nachhaltigkeit (inkl. ESG), also die Bekräftigung und Umsetzung von Nachhaltigkeitsstrategien und dessen Rahmenwerke (International Finance Corporation, 2021). Dazu gehört auch das Bestreben, die langfristige nachhaltige «Value Creation» in

---

[38] Für ein Beispiel des technologischen Wandels: Sutter-Rüdisser, M. F. & Germann, C. & Letsch, M. (2021). «David» in der Corporate Governance: Wie die Bockchain «Goliath» hilft, Effizienz und Wirkung zu erzeugen. Expert Focus, 2021/April, S. 165–170.

die Berichterstattung zu integrieren. Zunehmend wichtig wird dabei die Kompetenzabgrenzung u. a. zum Prüfungsausschuss. Im Grundsatz schlägt der Nachhaltigkeitsausschuss die Integration von Nachhaltigkeitsdimensionen und -fragestellungen in die Unternehmensstrategie vor und stellt sicher, dass die nicht finanziellen Informationen bei den internen und externen Assurance-Funktionen eine entsprechende Bedeutung erhalten. Für einen zukunftsorientiert und professionell agierenden Verwaltungsrat ist ein Nachhaltigkeitsausschuss oft nur eine temporäre Lösung; je kleiner das Unternehmen, desto grösser dürfte der Bedarf sein, dass die externe Prüfungsgesellschaft für den Verwaltungsrat auch eine Rolle als Ausbildungspartner zu Nachhaltigkeitsentwicklungen in Verbindung mit internem Kontrollsystem und weiterentwickelter Berichterstattung wahrnimmt.

Zur Stärkung von Effektivität und Effizienz in der Nachhaltigkeitsstrategie sollten die Mitglieder des Nachhaltigkeitsausschusses ein Verständnis haben, wie Nachhaltigkeitserwägungen die Chancen und Risiken des Unternehmens und somit die strategischen Möglichkeiten beeinflussen. Mitglieder sollten in der Lage sein, die Nachhaltigkeitssituation (Istzustand der Unternehmung in seinem Umfeld) zu beurteilen, zu hinterfragen und weiterzuentwickeln.

4. Risiko- und Finanzausschuss

Zur Erfüllung der Erwartungen zu den finanziellen Zielen und Risiken übernimmt der Verwaltungsrat eine Führungsrolle. Die Etablierung eines Risiko- und Finanzausschusses ist zur Stärkung der Überwachungsfunktion gedacht und umfasst die Prüfung von Risikopolitik und Risikoplan, die Festlegung der Risikotoleranz sowie die Feststellung der Wirksamkeit der periodischen Risikobewertungsprozesse (Deloitte, 2012). Diese bestehen primär aus Risikoermittlung (sog. Risk Identification), Risikoquantifizierung (sog. Risk Quantification) und Risikobewertung (sog. Risk Evaluation). Oftmals werden Risiken (zu) wenig adäquat gehandhabt. Ein Faktor kann die unzureichende Wahrnehmung dieser Aufgaben sein bei Delegation des Risikomanagements an den Prüfungsausschuss. Zur Stärkung des Risikomanagements über die finanziellen Aspekte hinaus kann deshalb bei finanz- und risikointensiven Industrien empfehlenswert sein, einen Risiko- und Finanzausschuss mit direkter Berichterstattung an den Gesamtverwaltungsrat zu bilden.

Zur Bewältigung der Aufgaben des Risiko- und Finanzausschusses ist es notwendig, dass die Mitglieder über Branchenerfahrung und über vertiefte Finanz- und Investitionskenntnisse verfügen. Dies erlaubt einerseits, geschäfts- und finanzbedingte Risiken zu erkennen, sowie andererseits, angemessene Methoden zur Risikobewältigung der internen und externen Faktoren zu veranlassen.

V. Geschäftsleitung

Die Geschäftsleitung (oft auch als Geschäftsführung bezeichnet) ist für die operative Führung verantwortlich. Als Gremium, das vom Verwaltungsrat beaufsichtigt wird, ist es für die Strategieumsetzung und somit für den langfristigen Erfolg der Unternehmung verantwortlich. Hinsichtlich der Aufsichtsfunktion und Sparringpartnerrolle, die der Verwaltungsrat innehat, werden die Aufgaben der Geschäftsleitung und das Zusammenspiel mit dem Verwaltungsrat im Folgenden erläutert.

A. Aufgaben und Zusammensetzung

Artikel 716b OR weist dem Verwaltungsrat die Kompetenz zu, die Geschäftsführung an einzelne Mitglieder (Delegierte) oder an Dritte (Direktoren resp. Geschäftsleitungsmitglieder) zu übertragen. Stützt sich die Delegation auf Massgabe von Statuten und Organisationsreglement, ist der Verwaltungsrat für Schäden aus mangelhafter Geschäftstätigkeit nicht direkt haftbar; ausser wenn Mängel in der Auswahl, Instruktion oder Überwachung des Geschäftsleitungsorgans auftreten (Art. 754 Abs. 2 OR; Schenker, 2015). Die unübertragbaren und unentziehbaren Aufgaben von Art. 716a Abs. 1 OR sind davon nicht tangiert.

Die Geschäftsleitungsstruktur wird vom Verwaltungsrat festgelegt. Liegt eine Delegation des Verwaltungsrats vor, ist die Geschäftsleitung in der Verantwortung, die operative Führung wahrzunehmen. Als Kollektivorgan besteht die Geschäftsleitung aus mehreren Mitgliedern, die jeweils Leiterin oder Leiter eines Bereichs oder einer Region sind. Die folgenden drei Akteure und deren Aufgabengebiet werden kurz erläutert:

Die Geschäftsführerin oder der Geschäftsführer (auch «Chief Executive Officer») ist Vorsitzende oder Vorsitzender der Geschäftsleitung. Sie oder er trägt die Verantwortung für eine nachhaltige Unternehmensentwicklung. Alle Mitglieder der Geschäftsleitung sind in der Regel der Geschäftsführerin oder dem Geschäftsführer unterstellt. Sie oder er ist somit – in Abstimmung mit dem Verwaltungsrat/Nominationsausschuss – für die Besetzung und Auswahl der weiteren geschäftsführenden Mitglieder zuständig. Eine Geschäftsführerin oder ein Geschäftsführer trägt die «Letztverantwortung» der Aktivitäten, die der operativen Implementierung der Strategie dienen, und sollte deshalb auch entsprechende Fach- aber insbesondere auch Führungs- und Persönlichkeitskompetenzen aufweisen (Dehnen, 2019). Als sog. Orchestrator in der Ge-

V. Geschäftsleitung

schäftsleitung ist sie oder er somit für den Erfolg der Unternehmung verantwortlich und muss dem Verwaltungsrat Rechenschaft über das Tun und Handeln ablegen. Zur Erfüllung der Oberaufsicht ist der Verwaltungsrat bzw. oftmals das Verwaltungsratspräsidium deshalb bedacht, sich aktiv mit der Geschäftsführerin oder dem Geschäftsführer auszutauschen und gleichzeitig als Coach/Mentor sowie als Kontrollorgan aufzutreten (Kakabadse, Kakabadse & Barratt, 2006). Die Zusammenarbeit sollte deshalb partnerschaftlich sein (sog. Chemistry and Fit).[39]

Die Leiterin oder der Leiter Finanzen (auch «Chief Financial Officer») trägt im Wesentlichen die Verantwortung zur Sicherstellung des Finanzmanagements, u. a. Aufgaben zur finanziellen Planung und zur finanziellen Berichterstattung (Hiebl, 2013). In der modernen Ausgestaltung übernimmt die Leiterin oder der Leiter Finanzen auch starke strategische Aufgaben und wirkt als Katalysator (Kambil & Melnikov, 2015). Sie oder er ist oftmals auch eine Anlaufstelle zur Interaktion mit Aktionären, Analysten, institutionellen Anlegern und Regulatoren. Die Leiterin oder der Leiter Finanzen arbeitet eng mit der oder dem Vorsitzenden der Geschäftsleitung zur Unternehmensführung und der Präsidentin oder des Präsidenten des Prüfungsausschusses zum Finanzmanagement zusammen. Zur Erfüllung der Unternehmenssteuerung und der Oberaufsicht/Planung inkludiert dies bilateralen Austausch zur Besprechung von finanziellen und zunehmend auch nicht finanziellen Planungs- und Risikobelangen.

Die Leiterin oder der Leiter Human Resources (auch «Chief Human Resources Officer») prägt und fördert das Personalmanagement und die Arbeitsbeziehungen in einem Unternehmen. Die primäre Aufgabe besteht im Aufbau und Einsatz von Talenten in Schlüsselpositionen zur Förderung und Kultivierung des Unternehmenserfolgs und der Unternehmenskultur (Charan, Barton & Carey, 2015). Der Geschäftsführer/die Geschäftsführerin ist zuständig für die Rollendefinition und Rollenauslegung, weshalb es essenziell ist, die Vorstellung und Erwartungen klar zu formulieren (SpencerStuart, 2022). Beide Parteien, Leiterin oder Leiter Human Resources und Geschäftsführerin oder Geschäftsführer, sollten deshalb ein gemeinsames Verständnis in der Rollenwahrnehmung haben und in engem Austausch und Kontakt stehen.

Neben diesen drei klassischen, funktionalen Rollen gibt es je nach Unternehmen und Kontext regionale sowie weitere funktional orientierte Geschäftsleitungsmitglieder (z. B. Operations, Recht, IT, Digital und Marketing) und/oder

---

[39] Mehr zu «Chemistry and Fit»: Kakabadse, A., Kakabadse, N. & Knyght, R. (2010). The chemistry factor in the Chairman/CEO relationship. European Management Journal, 28(4), pp. 285–296.

produkt-/marktbezogene Geschäftsleitungsmitglieder. Teilweise sind auch Hybridformen anzutreffen, wo eine Person eine Produkt-/Markt- und eine Funktionalzuständigkeit hat. Für eine kunden-/marktorientierte Unternehmung ist es unerlässlich, die Dimensionen Produkte/Dienstleistungen und Märkte/Regionen adäquat auf Ebene der Geschäftsleitung zu berücksichtigen.

B. Zusammenspiel mit Präsidium, Verwaltungsrat und Ausschüssen

Für eine erfolgreiche Unternehmensführung ist das Zusammenspiel zwischen Geschäftsleitung und Verwaltungsrat und dessen Ausschüssen essenziell. Den Austausch auf allen Ebenen zu fordern und fördern, ermöglicht (pro)aktiv positive und kritische Themen offen und direkt anzusprechen und gemeinsam zielorientiert zu handeln. Dies kann erreicht werden durch Implementierung folgender «Best Practices» (Aufzählung nicht abschliessend):

– Die Verwaltungsratspräsidentin oder der Verwaltungsratspräsident ist erste Ansprechstelle für die Vorsitzende oder den Vorsitzenden der Geschäftsführung und fungiert als Coach/Mentor und als Sparring-Partner zugleich. Zur Erreichung eines effektiven und effizienten Austauschs wird bewusst ein Sitzungsrhythmus institutionalisiert. Die Präsidialperson des Verwaltungsrats kann hierzu auch ein Treffen mit anderen Personen aus der Geschäftsleitung vereinbaren.

– Die Vizepräsidentin oder der Vizepräsident des Verwaltungsrats (bzw. ggfs. auch der «Lead Independent Director») trifft sich mindestens einmal im Jahr mit der Vorsitzenden oder dem Vorsitzenden der Geschäftsführung zum persönlichen Austausch und zur lösungsorientierten Ansprache von Problemfeldern, falls solche vorkommen.

– Die Präsidenten der Verwaltungsratsausschüsse halten mit der verantwortlichen Person/mit den verantwortlichen Personen aus der Geschäftsleitung mindestens zweimal im Jahr ein bilaterales Meeting zur Kontrolle vergangener und zur Planung zukünftiger Aktivitäten (Bsp. Prüfungsausschuss mit Leiter Finanzen).

– Verwaltungsratsmitglieder können bilaterale Gespräche bzw. Sitzungen mit Mitgliedern der Geschäftsleitung verlangen, und können diese selbst organisieren, sollten jedoch bedenken, die Präsidentin oder den Präsidenten des Gesamtverwaltungsrats darüber zu informieren. Ein solches Vorgehen fördert die Transparenz und den Zusammenhalt bzw. die Kultur im Verwaltungsrat.

V. Geschäftsleitung

- Finden Treffen zwischen Verwaltungsrat und Geschäftsleitung statt, sollte die Generalsekretärin oder der Generalsekretär darüber informiert sein. Dieser kümmert sich um eine reibungslose Planung und gegebenenfalls Protokollierung des Treffens.
- Die Kommunikation und Dokumentation von Verwaltungsrat und Geschäftsleitung folgt den vier Prinzipien von (a) Vollständigkeit, (b) Objektivität, (c) Verständlichkeit und (d) Rechtzeitigkeit. Diese Prinzipien haben auch einen positiven Einfluss auf die Güte der Entscheidungen und deren Umsetzung.

VI. Abschliessende Bemerkungen

In der Erfassung von Best Practices im Sinne des SCBP ist der Kontext massgebend. Hierzu zählen wirtschafts- und rechtspolitische Gegebenheiten, Komplexität in der Unternehmensführung abhängig von Unternehmensgrösse und Marktzyklen, Dynamiken in der Haltung von Anspruchsgruppen und die Selbsteinschätzungen einzelner Akteure. Ausgewählte Faktoren werden in diesem abschliessenden Kapitel tangiert.

A. Adaption des Swiss Code of Best Practice für private, nicht börsenkotierte Gesellschaften

Der SCBP hat als anerkanntes Selbstregulierungswerk eine hohe Verbindlichkeit erreicht (sog. Soft Law). Kotierte Publikumsgesellschaften sind somit aufgefordert, den Prinzipien zu folgen. Bei Nichtbefolgung sind jedoch keine unmittelbaren rechtlichen Konsequenzen zu erwarten (was einen erheblichen Unterschied zum Obligationenrecht bedeutet). Wie die Praxis seit der Einführung 2002 jedoch zeigt, sind die kotierten Gesellschaften grossmehrheitlich gewillt, die entsprechenden Standards in ihren Tätigkeiten umzusetzen. Die Verbindlichkeit ist in diesem Segment sehr hoch und eine Non-Compliance nur mit sehr fundierter Begründung toleriert (Klauser, 2023a, S. 162, Abbildung 2). Dabei sind auch private, nicht kotierte Gesellschaften eingeladen, den SCBP in ihre Geschäfts- und Organisationstätigkeiten aufzunehmen. Dies ist sogar sehr zu begrüssen.

Zur Aufnahme der SCBP-Inhalte in die eigenen Governance-Überlegungen gibt es verschiedene gute Gründe, unter anderem folgende (Aufzählung nicht abschliessend):

– Im Sinne einer guten Corporate Governance in der Schweiz sind alle Gesellschaften aufgefordert, unabhängig der Börsenkotierung, die SCBP-Standards anzuwenden. Dies fördert (a) die Legitimation des SCBP, (b) die Promotion der guten Unternehmensführung und (c) erhöht die Visibilität in der verantwortungsvoll agierenden Unternehmenslandschaft Schweiz (Luoma & Goodstein, 1999).

– Grosse Unternehmen werden als Rollenvorbilder wahrgenommen. Sie sind somit teilweise auch gegenüber der Gesellschaft aufgefordert, Initiative zu zeigen. Wird dies erfolgreich umgesetzt, hat dies auch einen entsprechend langfristig positiven Effekt auf die Schweizer Unternehmenslandschaft.

– Die Schweiz ist global aufgestellt, ihre Wirtschaft stark exportorientiert und das wirtschaftspolitische System beständig. In der Folge der Globali-

VI. Abschliessende Bemerkungen

sierung liessen sich ausländische Unternehmen nieder, deren Umsätze/ Marktwert über jenen von börsenkotierten Gesellschaften liegen. Diesen eine Plattform zur Förderung von Governance-Strukturen bieten zu können, ist unerlässlich. Der SCBP ist bewusst offengehalten und lässt es zu, von den Prinzipien abzuweichen («Comply or Explain»). Dies öffnet somit die Möglichkeit, Inhalte im Rahmen des Möglichen zu interpretieren und auf den Kontext der Unternehmen selbst zu adaptieren.

- Wie bisher sollen Gesellschaften mit aktiv engagierten Grossaktionären (namentlich Familiengesellschaften) sowie mittlere und kleinere Unternehmen (KMU) Anpassungen oder Vereinfachungen vornehmen können. Allerdings formuliert der neue SCBP gewisse Mindesterwartungen auch für solche Gesellschaften, welche sich ihm noch nicht integral unterstellen wollen. Mindestens für börsenkotierte Unternehmen bleibt zudem der Grundsatz von «Comply or Explain» anwendbar.

B. Die Wichtigkeit einer verantwortungsvollen Selbstregulierung

Der neue SCBP ist kompatibel mit internationalen Entwicklungen (insb. zu Nachhaltigkeit und interner und externer Assurance) genauso wie mit nationalen politisch-rechtlichen Neuerungen. Corporate Governance regelt über «Checks and Balances» das Zusammenspiel von Generalversammlung, Verwaltungsrat, Geschäftsleitung, internen Assurance-Funktionen und externer Prüfungsgesellschaft.

Darüber hinaus sind zwei neuere Entwicklungen besonders wichtig (Klauser, 2023b, S. 35):

- Finanzinformationen werden um nicht finanzielle Informationen ergänzt; und
- Durch interne Funktionen und externe Prüfungen erhalten diese umfassenden Informationen einen hohen Zusicherungsgrad (Assurance).

Letzteres ist im Interesse von Verwaltungsratsmitgliedern, Aktionärin und Aktionär, Fremdkapitalgeberin und Fremdkapitalgeber, aber auch von Mitarbeitenden, Kundschaft und der weiteren Öffentlichkeit. Der Weg hin zu einer nachhaltigen Corporate Governance ist anspruchsvoll, aber machbar resp. gestaltbar. In diesem Sinne hat sich der Verwaltungsrat vermehrt als Gestaltungsrat zu verstehen. Die Nachhaltigkeitsarbeit (ökologisch, sozial, wirtschaftlich) bleibt dadurch nicht PR- oder CFO-Aufgabe, sondern wird eine weitere prioritäre Führungsaufgabe des Verwaltungsrats. Nachhaltigkeitsbestrebungen haben einen wesentlichen Einfluss auf die Interessenbalancierung,

VI. Abschliessende Bemerkungen

womit «Checks and Balances» eine zusätzliche Bedeutung erhalten und im Zweifel bei divergierenden Stakeholderinteressen die Kundeninnen und Kunden im primären Fokus stehen.

Wichtig ist und bleibt eine intelligente Regulierung oder, wo immer möglich, Selbstregulierung («Smart Regulation») – also nicht per se mehr oder weniger Regulierung. Es wird sich zeigen, ob die Wirtschaft den Weg zu einer nachhaltigen Corporate Governance aus Sicht der Gesellschaft genügend konsequent und schnell gehen wird. Andernfalls wird sich der gesellschaftliche Druck auf politisch-gesetzgeberischem Wege manifestieren. Die Relevanz und Qualität des SCBP hat sich über die letzten Jahre immer auch darin gezeigt, dass eine Flut an starren Gesetzen vermieden und unternehmerisch passende Lösungen ermöglicht wurden. Dies ist auch für die Zukunft zu wünschen und hängt primär von den Anwenderinnen und Anwendern des SCBP ab. Möge vielen von ihnen der Weg zu einer nachhaltigen Unternehmensführung gelingen (Klauser, 2023a, S. 168).

In diesem Sinne soll der SCBP einen Beitrag leisten zum Erstarken einer nachhaltigen Wirtschaft, welche das Vertrauen der Gesellschaft geniesst.

Anhang: Swiss Code of Best Practice 2023

Präambel

Der «Swiss Code» wurde von economiesuisse als Verband der Schweizer Unternehmen aus allen Branchen im Juli 2002 veröffentlicht und 2007 durch einen Anhang mit Empfehlungen zu Entschädigungen von Verwaltungsrat und oberstem Management ergänzt. Im Jahr 2014 wurde der «Swiss Code» aufgrund des damals neuen Art. 95 Abs. 3 der Bundesverfassung (sogenannte «Minder-Initiative») revidiert. Die 2022 überarbeitete Fassung berücksichtigt zum einen die internationalen Entwicklungen im Bereich der Corporate Governance und zum anderen die Änderungen auf schweizerischer Ebene, die sich insbesondere aufgrund der Aktienrechtsrevision vom 19. Juni 2020 und durch die Entwicklungen im Bereich der Nachhaltigkeit (insbesondere «Environment, Social and Governance», abgekürzt «ESG») ergeben haben.

Der «Swiss Code» ist zu einem wichtigen Referenzwerk für Fragen der Corporate Governance geworden, welches unter Berücksichtigung von internationalen Entwicklungen auf die Situation in der Schweiz abzielt. Obwohl sich der «Swiss Code» in erster Linie an die schweizerischen Publikumsgesellschaften richtet, können ihm auch nicht börsenkotierte Gesellschaften oder Organisationen (inklusive solche, die nicht Aktiengesellschaften sind) zweckmässige Leitideen entnehmen.

Die «Best Practices», die der «Swiss Code» festhält, sind Leitlinien und Empfehlungen. Jedem Unternehmen soll es offenstehen, in Ergänzung zum «Swiss Code» – und wo nötig auch in Abweichung davon – andere Gewichtungen vorzunehmen und eigene Ideen zu verfolgen. Weicht ein Unternehmen in diesem Sinn vom «Swiss Code» ab, so erklärt es die von ihm gewählte individuelle Gestaltung in geeigneter Weise, entsprechend dem Prinzip «comply or explain».

«Corporate Governance» als Leitidee

Corporate Governance ist die Gesamtheit der auf das nachhaltige Unternehmensinteresse ausgerichteten Grundsätze, die unter Wahrung von Entscheidungsfähigkeit und Effizienz auf der obersten Unternehmensebene Transparenz und ein ausgewogenes Verhältnis von Leitung und Aufsicht anstreben. Unternehmerische Tätigkeit ist nachhaltig, wenn dabei die Interessen der verschiedenen Anspruchsgruppen im Unternehmen berücksichtigt und wirtschaftliche, soziale sowie ökologische Ziele ganzheitlich angestrebt werden.

Eine gute Corporate Governance dient folglich dem Ziel des nachhaltigen Unternehmensinteresses. Sie ist wesentliche Voraussetzung für den unternehmerischen Erfolg und die nachhaltige Steigerung des Unternehmenswerts. Eine nachhaltige Steigerung des Unternehmenswerts ist nicht nur im Interesse der Aktionärinnen und Aktionäre als wirtschaftliche Eigentümerinnen und Eigentümer bzw. Risikokapitalgebende der Gesellschaft, sondern auch im Interesse der übrigen Anspruchsgruppen.

Anhang: Swiss Code of Best Practice 2023

Aktionärinnen und Aktionäre sowie Generalversammlung

Den Aktionärinnen und Aktionären steht die letzte Entscheidung in der Gesellschaft zu.

- Die Kompetenzen der Aktionärinnen und Aktionäre werden durch das Gesetz und die Statuten festgelegt. Die Aktionärinnen und Aktionäre sind insbesondere entscheidungsberechtigt hinsichtlich:
  - der Festsetzung und Änderung der Statuten;
  - der Wahl und Entlastung der Mitglieder des Verwaltungsrats, einschliesslich der Verwaltungsratspräsidentin oder des Verwaltungsratspräsidenten und der Mitglieder des Vergütungsausschusses, der Wahl der Revisionsstelle und der unabhängigen Stimmrechtsvertreterin oder des unabhängigen Stimmrechtsvertreters;
  - der Abnahme von Jahres- und Konzernrechnung, des Lageberichts sowie der Berichterstattung über nichtfinanzielle Belange;
  - der Ausschüttungs- und Eigenkapitalpolitik (inklusive Dividende, Zwischendividende, Kapitalerhöhung, Schaffung eines Kapitalbands, Kapitalherabsetzung oder Rückzahlung von Kapitalreserven);
  - der Genehmigung der Gesamtbeträge der Vergütungen von Verwaltungsrat und Konzernleitung;
  - der Entscheidung über Fusion, Spaltung, Umwandlung, Dekotierung und Liquidation.

  Die Aktionärinnen und Aktionäre bestimmen in den Statuten den Gesellschaftszweck sowie die wesentlichen Eckwerte der Unternehmenstätigkeit. Sie können gegebenenfalls auch Stellung nehmen zu Fragen der nachhaltigen Unternehmensentwicklung, inklusive soziale und gesellschaftspolitische Fragen (wie CO_2- oder andere Umweltziele, Achtung der Menschenrechte usw.). Die unentziehbaren Kompetenzen des Verwaltungsrats bleiben vorbehalten.

- Die Aktionärinnen und Aktionäre nehmen ihre Mitwirkungsrechte in der Generalversammlung wahr und haben – unter Berücksichtigung der gesetzlichen Vorgaben – das Recht, im Rahmen der Traktanden Anträge zu stellen. Der Verwaltungsrat nimmt diese, zusammen mit einer kurzen Begründung, in die Einberufung der Generalversammlung auf. Die Aktionärinnen und Aktionäre können nach Massgabe des Gesetzes auch ausserhalb der Traktanden Auskünfte zu Angelegenheiten der Gesellschaft verlangen oder eine Sonderuntersuchung beantragen.

- Institutionelle Anlegerinnen und Anleger, Nominees und andere Intermediäre, die im eigenen Namen Aktionärsrechte ausüben, sorgen soweit möglich dafür, dass die wirtschaftlich Berechtigten Einfluss darauf nehmen können, wie diese Aktionärsrechte wahrgenommen werden.

- Institutionelle Anlegerinnen und Anleger, Nominees und andere Intermediäre, einschliesslich der Stimmrechtsberaterinnen und Stimmrechtsberater, verhalten sich gegenüber der Gesellschaft transparent und berücksichtigen die Richtlinien für institutionelle Investoren zur Ausübung ihrer Mitwirkungsrechte bei Aktiengesellschaften.[1]

- Werden Namenaktien über Depotbanken erworben, sollen diese die Erwerberin oder den Erwerber einladen, sich im Aktienbuch der Gesellschaft eintragen zu lassen.

---

[1] Hrsg. ASIP, Schweizerischer Pensionskassenverband, Ausgleichsfonds AHV/IV/EO, economiesuisse, Ethos – Schweizerische Stiftung für nachhaltige Entwicklung, Schweizerische Bankiervereinigung und SwissHoldings, Januar 2013.

Anhang: Swiss Code of Best Practice 2023

Die Gesellschaft ist bestrebt, den Aktionärinnen und Aktionären die Ausübung ihrer gesetzlichen Rechte zu erleichtern.	– Zu diesem Zweck können die Statuten die im Gesetz vorgesehenen Schwellenwerte herabsetzen, namentlich für die Einberufung einer Generalversammlung oder für die Aufnahme eines begründeten Antrags bzw. eines Gesuchs um Traktandierung eines Verhandlungsgegenstands in die Einladung zur Generalversammlung. – Bei der Festlegung der Traktanden wahrt der Verwaltungsrat den Grundsatz der Einheit der Materie. – Die Statuten und zumindest die Grundzüge des Organisationsreglements sind in schriftlicher oder elektronischer Form erhältlich. Die Gesellschaft publiziert die Statuten auf ihrer Website.

Die Gesellschaft sorgt dafür, dass die Generalversammlung als Ort der Kommunikation benützt wird und ihre Aufgabe als oberstes Organ gut informiert erfüllen kann.	– Der Verwaltungsrat informiert die Aktionärinnen und Aktionäre so, dass sie ihre Rechte in Kenntnis der wesentlichen Entscheidungsgrundlagen ausüben können. – In der Einladung zur Generalversammlung bietet die Gesellschaft in verständlicher Form Erläuterungen zu den Traktanden und den Anträgen des Verwaltungsrats an. Sie kann den Aktionärinnen und Aktionären weiterführende Informationen ausserhalb der Einladung zugänglich machen. – Der Verwaltungsrat legt die Form der Durchführung der Generalversammlung fest. Er kann sie, ausser als reine Präsenzversammlung, namentlich auch als Präsenz- und zugleich elektronische Versammlung (hybride Versammlung) oder als nur elektronische Versammlung (virtuelle Versammlung) durchführen, wenn damit die Teilnahme für die Aktionärinnen und Aktionäre erleichtert und die geordnete und sichere Durchführung der Versammlung nicht gefährdet wird. – Aktionärinnen und Aktionäre, die unter Verwendung elektronischer Mittel an der Generalversammlung teilnehmen oder einzelne Rechte ausüben, sind selber verantwortlich dafür, dass die von ihnen verwendeten elektronischen Mittel funktionsfähig sind. Sie verantworten gegebenenfalls auch die von ihnen zugelassene Teilnahme von Drittpersonen.

Die Gesellschaft erleichtert den Aktionärinnen und Aktionären die Teilnahme an der Generalversammlung und die Ausübung ihrer Rechte durch frühzeitige und klare Festsetzung der Termine.	– Die Gesellschaft gibt den Termin der ordentlichen Generalversammlung möglichst frühzeitig bekannt. – Sie gibt zudem den Termin bekannt, bis zu dem Traktandierungsbegehren und Gesuche um die Aufnahme von Anträgen in die Einberufung zur Generalversammlung eingereicht werden können. Dieser Tag soll nicht weiter als nötig vor der Generalversammlung liegen. – Legt die Gesellschaft für die Feststellung der Berechtigung zur Ausübung der Aktionärsrechte vor der Generalversammlung einen Stichtag fest, so soll dieser in der Regel nicht mehr als einige Tage vor dem Versammlungstermin liegen.

5

In der Generalversammlung sorgt der Verwaltungsrat dafür, dass die Aktionärinnen und Aktionäre sich zu den Traktanden sachlich und konzis äussern können.	– Der Verwaltungsrat stellt sicher, dass die Aktionärinnen und Aktionäre ihren Willen zum Ausdruck bringen können. – Die/Der Vorsitzende benützt die Leitungsbefugnis dazu, die Ausübung der Aktionärsrechte zu gewährleisten. Sie/Er leitet die Versammlung ausgewogen und zielgerichtet. – Die/Der Vorsitzende sorgt für einen effizienten Versammlungsablauf und achtet darauf, dass es nicht zu ausschweifenden, sich wiederholenden oder verletzenden Voten kommt. Bei zahlreichen Wortmeldungen zum gleichen Verhandlungsgegenstand kann die Redezeit angemessen eingeschränkt werden.

Anhang: Swiss Code of Best Practice 2023

Das Recht der Aktionärinnen und Aktionäre auf Auskunft ist organisatorisch zu gewährleisten.

- Die/Der Vorsitzende beantwortet relevante, die Gesellschaft betreffende Fragen oder lässt sie durch die Vorsitzenden der Ausschüsse des Verwaltungsrats bzw. durch weitere fachkundige Personen beantworten.
- Umfangreiche oder komplexe Fragen oder Fragenkataloge sollen dem Verwaltungsrat schriftlich so frühzeitig vorgelegt werden, dass dieser die Antworten vorbereiten kann. Solche Fragen oder Fragenkataloge können auch vor oder nach der Generalversammlung beantwortet werden.

In der Generalversammlung soll der Wille der Mehrheit unverfälscht zum Ausdruck kommen.

- Die/Der Vorsitzende ordnet die Abstimmungsmodalitäten so, dass der Wille der Mehrheit eindeutig und möglichst effizient ermittelt werden kann. Soweit sinnvoll, nutzt der Verwaltungsrat bewährte elektronische Mittel.
- Bei der Abstimmung über die Entlastung von Organmitgliedern kann die/der Vorsitzende eine Globalabstimmung durchführen, falls nicht im Vorfeld eine individuelle Abstimmung traktandiert wurde oder die Generalversammlung aufgrund eines entsprechenden Antrags eine individuelle Abstimmung beschliesst.
- Der Verwaltungsrat ergreift geeignete Massnahmen, damit die unabhängige Stimmrechtsvertreterin oder der unabhängige Stimmrechtsvertreter die Funktion wirksam wahrnehmen kann. Diese/r behandelt die erhaltenen Weisungen der einzelnen Aktionärinnen und Aktionäre bis zur Generalversammlung vertraulich und kann der Gesellschaft frühestens drei Werktage vor der Generalversammlung eine allgemeine Auskunft über die eingegangenen Weisungen erteilen.
- Die Abstimmungs- und Wahlresultate werden den Aktionärinnen und Aktionären so rasch als möglich zugänglich gemacht.

8

Der Verwaltungsrat pflegt den Dialog mit den Aktionärinnen und Aktionären auch zwischen den Generalversammlungen.

- Der Verwaltungsrat sucht in wichtigen Fragen den Dialog mit den Aktionärinnen und Aktionären und steht ihnen für einen Austausch zur Verfügung, um ihre wesentlichen Anliegen in seine Planung und seine Entscheide miteinzubeziehen. Die Gesellschaft bezeichnet die für die Aktionärsbeziehungen zuständigen Stellen.
- Der Verwaltungsrat pflegt auch den Dialog mit anderen zentralen Anspruchsgruppen des Unternehmens und beachtet die Ergebnisse, die sich daraus ergeben.
- Der Verwaltungsrat erleichtert mit den ihm zur Verfügung stehenden Mitteln die Information und Entscheidungsfindung der Aktionärinnen und Aktionäre im Vorfeld der Generalversammlung. Lehnt bei einer Abstimmung ein wesentlicher Teil der Stimmen den Antrag des Verwaltungsrats ab, so nimmt dieser den Dialog mit den Aktionärinnen und Aktionären auf und setzt sich mit ihren Anliegen auseinander.
- Bei der Erteilung von Informationen an Aktionärinnen und Aktionäre und bei der Pflege des Kontakts mit diesen beachtet der Verwaltungsrat die anwendbaren Offenlegungsvorschriften und den gesetzlichen Gleichbehandlungsgrundsatz.

Anhang: Swiss Code of Best Practice 2023

Verwaltungsrat und Geschäftsleitung

Aufgaben des Verwaltungsrats

Der Verwaltungsrat nimmt die Oberleitung und Oberaufsicht im Konzern wahr und legt das nachhaltige Unternehmensinteresse fest.

– Der Verwaltungsrat nimmt die Oberleitung und Oberaufsicht des Unternehmens bzw. Konzerns wahr und konkretisiert im Rahmen seiner Aufgaben das nachhaltige Unternehmensinteresse. Er berücksichtigt bei seinen Entscheiden neben den Interessen der Aktionärinnen und Aktionäre auch die Interessen der Arbeitnehmenden, Geschäftspartner und Kunden sowie von Gesellschaft und Umwelt. Er folgt dabei allfälligen Vorgaben der Statuten.
– Der Verwaltungsrat bestimmt im Rahmen der Oberleitung die strategischen Ziele, die generellen Mittel zu ihrer Erreichung und die mit der Führung der Geschäfte zu beauftragenden Personen.
– Er sorgt in der Planung für die grundsätzliche Übereinstimmung von Strategie, Risiken und Finanzen.
– Er sorgt für ein dem Unternehmen angepasstes internes Kontrollsystem (Ziff. 26 ff.).
– Der Verwaltungsrat prägt die Corporate Governance und setzt diese um. Er sorgt für ein dem Unternehmen angepasstes Führungssystem. Verwaltungsrat und Geschäftsleitung setzen die Unternehmensinteressen stets vor allfällige persönliche Interessen und die Interessen Dritter.

Die unentziehbaren und unübertragbaren Hauptaufgaben des Verwaltungsrats sind im Schweizer Aktienrecht festgelegt.

– Diese Hauptaufgaben sind:
1. die Oberleitung der Gesellschaft und die Erteilung der nötigen Weisungen;
2. die Festlegung der Organisation;
3. die Ausgestaltung des Rechnungswesens, der Finanzkontrolle sowie der Finanzplanung, sofern diese für die Führung der Gesellschaft notwendig ist;
4. die Ernennung und Abberufung der mit der Geschäftsführung und der Vertretung betrauten Personen;
5. die Oberaufsicht über die mit der Geschäftsführung betrauten Personen, namentlich im Hinblick auf die Befolgung der Gesetze, Statuten, Reglemente und Weisungen;
6. die Erstellung des Geschäftsberichts sowie die Vorbereitung der Generalversammlung und die Ausführung ihrer Beschlüsse;
7. die Einreichung eines Gesuchs um Nachlassstundung und die Benachrichtigung des Gerichts im Falle der Überschuldung;
8. die Erstellung des Vergütungsberichts;
9. die Genehmigung und Unterzeichnung des Berichts über die nichtfinanziellen Belange.

Der Verwaltungsrat ordnet die Kompetenzen der mit der Geschäftsführung betrauten Personen.

– Der Verwaltungsrat sorgt für eine zweckmässige Zuweisung von Leitungs- und Aufsichtsaufgaben.
– Überträgt er Leitungs- und Aufsichtsfunktionen an eine/n Delegierte/n oder eine Geschäftsleitung, so erlässt er ein Organisationsreglement mit einer klaren Abgrenzung der Kompetenzen. Er behält sich in der Regel bestimmte bedeutsame Geschäfte zur Genehmigung vor.
– Er sorgt für angemessene Kontrollen.

Anhang: Swiss Code of Best Practice 2023

| Der Verwaltungsrat prägt die Unternehmenskultur. | – Der Verwaltungsrat fördert eine Kultur, die zu unternehmerischem Handeln ermutigt und von Integrität, Langfristigkeit sowie Verantwortung geprägt ist. Fragen und heikle Themen sollen offen angesprochen werden können.
– Der Verwaltungsrat sorgt dafür, dass Mitarbeitende die von ihnen festgestellten mutmasslichen Unregelmässigkeiten im Unternehmen bei einer unabhängigen internen oder externen Stelle melden können, ohne mit Nachteilen rechnen zu müssen. Die Meldungen werden geprüft. Das Unternehmen reagiert in angemessener Weise auf festgestellte Unregelmässigkeiten.
– Der Verwaltungsrat gibt sich regelmässig Rechenschaft über die konsequente Umsetzung einer dem verantwortungsvollen Handeln des Unternehmens verpflichteten Unternehmenskultur. |

Zusammensetzung des Verwaltungsrats

| Der Verwaltungsrat soll sich aus Personen zusammensetzen, die in ihrem Zusammenwirken als Gremium für eine optimale Erfüllung der Aufgaben sorgen. | – Der Verwaltungsrat soll so klein sein, dass eine effiziente Willensbildung möglich ist, und so gross, dass seine Mitglieder Fähigkeiten, Erfahrung und Wissen aus verschiedenen Bereichen ins Gremium einbringen können. Die Grösse des Verwaltungsrats ist auf die Anforderungen des einzelnen Unternehmens abzustimmen.
– Der Verwaltungsrat strebt eine dem Unternehmen angemessene Diversität seiner Mitglieder hinsichtlich Kompetenzen, Erfahrung, Geschlecht, Alter, Hintergrund und Herkunft an. Die Mitglieder sollen die erforderlichen Fähigkeiten und Eigenschaften haben, damit der Verwaltungsrat seine Leitungs- und Aufsichtsaufgaben kompetent erfüllen kann, eine Vielfalt von Perspektiven in seine Entscheidungsfindung einfliessen und eine eigenständige Meinungs- und Willensbildung im kritischen Gedankenaustausch mit der Geschäftsleitung gewährleistet ist.
– Der Verwaltungsrat strebt an, dass die gesetzlichen Richtwerte für eine ausgewogene Vertretung der Geschlechter im Verwaltungsrat und in der Geschäftsleitung erreicht werden. Er trifft im Rahmen seiner Personal- und Nachfolgeplanung Massnahmen zur Förderung des zu wenig stark vertretenen Geschlechts.
– Dem Verwaltungsrat sollen genügend Mitglieder angehören, die mit den schweizerischen Gegebenheiten vertraut sind. Ist eine Gesellschaft zu einem bedeutsamen Teil im Ausland tätig, sollen dem Verwaltungsrat auch Personen mit entsprechender internationaler Erfahrung oder ausländische Mitglieder angehören. |

| Der Verwaltungsrat plant seine Erneuerung und sorgt für die Weiterbildung seiner Mitglieder. | – Der Verwaltungsrat plant die Nachfolge und legt die Kriterien für die Auswahl der Kandidatinnen und Kandidaten fest. Er stützt sich dabei auf ein dem Unternehmen entsprechendes Anforderungsprofil für den Gesamtverwaltungsrat.
– Der Verwaltungsrat sorgt für eine aufgabenbezogene Einführung neu gewählter Mitglieder und eine zweckmässige Weiterbildung. |

Anhang: Swiss Code of Best Practice 2023

Unabhängigkeit und zeitliches Engagement der Verwaltungsratsmitglieder

Dem Verwaltungsrat gehören mehrheitlich unabhängige Mitglieder an. Ihnen kommt namentlich in den Ausschüssen eine besondere Bedeutung zu.

- Als unabhängig gelten nicht exekutive Mitglieder des Verwaltungsrats, die sowohl:
  - der Geschäftsleitung nie oder vor mehr als drei Jahren angehörten;
  - der externen Revision als leitende Revisorin oder leitender Revisor[2] nie oder vor mehr als zwei Jahren angehörten;
  - mit der Gesellschaft in keinen oder nur verhältnismässig geringfügigen geschäftlichen Beziehungen stehen.
- Der Verwaltungsrat kann weitere Kriterien der Unabhängigkeit festlegen. Bei kreuzweiser Einsitznahme hat der Verwaltungsrat die Unabhängigkeit im Einzelfall gesondert zu prüfen.
- Die Mitglieder des Verwaltungsrats stellen sicher, dass sie auch erhöhten zeitlichen Anforderungen ihres Amtes entsprechen können. Jedes Mitglied des Verwaltungsrats organisiert sich so, dass es sein Mandat korrekt und gewissenhaft wahrnehmen kann.
- Die Statuten enthalten Bestimmungen über die Anzahl der Tätigkeiten für Mitglieder des Verwaltungsrats, der Geschäftsleitung und des Beirats in vergleichbaren Funktionen bei anderen Unternehmen oder Institutionen. Im Fall der Annahme einer neuen Tätigkeit informiert die betreffende Person die zuständige Stelle vorgängig. Der Verwaltungsrat legt den Prozess betreffend die Zustimmung bei Mitgliedern der Geschäftsleitung bzw. die Information bei Mitgliedern des Verwaltungsrats fest.
- Der Verwaltungsrat nimmt regelmässig eine Selbstevaluation seiner Arbeit und derjenigen seiner Ausschüsse vor und erwägt periodisch eine externe Evaluation. Er informiert darüber im Jahresbericht.

---

[2] Umfasst auch Personen, die im betreffenden Revisionsunternehmen eine Entscheidfunktion innehatten.

Arbeitsweise sowie Vorsitz von Verwaltungsrat und Geschäftsleitung

Der Verwaltungsrat legt für seine Tätigkeit zweckmässige Verfahren fest.

- Der Verwaltungsrat hält entsprechend den Erfordernissen des Unternehmens regelmässig Sitzungen ab, mindestens viermal im Jahr. Daneben sorgt die Präsidentin oder der Präsident, wenn immer erforderlich, auch für eine kurzfristige Einberufung und Beratung.
- Der Verwaltungsrat kann für seine Sitzungen elektronische Mittel nutzen.
- Der Verwaltungsrat überprüft regelmässig die von ihm erlassenen Reglemente und passt sie den Erfordernissen an.
- Der Verwaltungsrat kann für wichtige Geschäfte auf Kosten der Gesellschaft eine unabhängige Beratung durch aussenstehende Sachverständige in Anspruch nehmen.

Die Präsidentin bzw. der Präsident ist verantwortlich für die Vorbereitung und Leitung der Sitzung; sie/er ist Garantin/Garant der Information.

- Die Präsidentin bzw. der Präsident nimmt die Leitung des Verwaltungsrats im Interesse der Gesellschaft wahr. Sie/Er gewährleistet die ordnungsmässigen und effizienten Abläufe von Vorbereitung, Beratung, Beschlussfassung und Ausführung.
- Die Präsidentin bzw. der Präsident sorgt im Zusammenwirken mit der Geschäftsleitung für eine rechtzeitige Information über alle für die Erfüllung der Aufgaben des Verwaltungsrats erheblichen Aspekte der Gesellschaft. Die Verwaltungsratsmitglieder erhalten die übersichtlich aufbereiteten und verständlichen Unterlagen in der Regel vor der Sitzung zugestellt; andernfalls lässt die Präsidentin bzw. der Präsident die Unterlagen mit genügender Zeitvorgabe vor der Sitzung zum Studium auflegen.
- In der Sitzung sind in der Regel die für ein Geschäft Verantwortlichen anwesend. Personen, die für Antworten auf vertiefende Fragen unentbehrlich sind, bleiben erreichbar.

Der Grundsatz der Ausgewogenheit von Leitung und Aufsicht gilt auch für die Unternehmensspitze.

- Der Verwaltungsrat wirkt darauf hin, dass sein Präsidium und der Vorsitz der Geschäftsleitung zwei verschiedenen Personen anvertraut werden («Doppelspitze»).
- Entschliesst sich der Verwaltungsrat aus unternehmensspezifischen Gründen, z. B. weil die Konstellation der verfügbaren Personen es nahelegt, zur Personalunion oder wechselt die/der bisherige Vorsitzende der Geschäftsleitung in den Verwaltungsrat, um dessen Präsidium zu übernehmen, so sorgt der Verwaltungsrat für angemessene Kontrollen. Er bestimmt zur Erfüllung dieser Aufgabe ein nicht exekutives, erfahrenes Mitglied («lead independent director»). Dieses ist befugt, wenn nötig selbstständig Sitzungen mit den unabhängigen Mitgliedern des Verwaltungsrats einzuberufen und durchzuführen.

Anhang: Swiss Code of Best Practice 2023

Umgang mit Interessenkonflikten und Wissensvorsprüngen

Der Verwaltungsrat und jedes Mitglied von Verwaltungsrat und Geschäftsleitung sorgen dafür, dass Interessenkonflikte die unabhängige Wahrung der Gesellschaftsinteressen nicht gefährden.	– Jedes Mitglied von Verwaltungsrat und Geschäftsleitung hat seine persönlichen und geschäftlichen Verhältnisse so zu ordnen, dass Interessenkonflikte mit der Gesellschaft möglichst vermieden werden. Es schliesst keine Beteiligungs- und andere Geschäfte ab bzw. nimmt keine Vorteile an, die seine unabhängige Wahrung der Gesellschaftsinteressen gefährden können.
	– Hat ein Verwaltungsrats- oder Geschäftsleitungsmitglied persönliche Interessen, die die Interessen der Gesellschaft berühren, oder muss es entsprechende Interessen Dritter wahren (Interessenberührung), so benachrichtigt es die/den Vorsitzende/n des betroffenen Gremiums. Es legt alle relevanten Umstände offen, damit die/der Vorsitzende die beim Betreffenden bestehende Interessenlage beurteilen kann.
	– Unterliegt das Verwaltungsrats- bzw. Geschäftsleitungsmitglied entgegengesetzten Interessen oder muss es solche wahren (Interessenkonflikt), so trifft das Gremium (oder das von ihm bezeichnete Mitglied) einen der Intensität des Interessengegensatzes entsprechenden Entscheid, damit die unabhängige Wahrung der Gesellschaftsinteressen gewährleistet bleibt. Es prüft insbesondere, ob das betreffende Verwaltungsrats- bzw. Geschäftsleitungsmitglied in den Ausstand treten muss oder ob eine doppelte Beschlussfassung mit und ohne das vom Konflikt betroffene Gremiumsmitglied genügt. Es hört die/den Betroffene/n an.
	– Im Fall eines Ausstands beschliesst das Gremium, ob dieser – je nach der Intensität des Konflikts – nur bei der Beschlussfassung oder zusätzlich auch bei der Beratung gilt. Anstelle dieser Massnahmen oder zusätzlich kann es eine/n unabhängige/n Dritte/n mit der vorgängigen Beurteilung des Geschäfts beauftragen oder dieses der Generalversammlung zur Genehmigung vorlegen.
	– Bei einem andauernden Interessenkonflikt entscheidet der Verwaltungsrat, ob das betreffende Mitglied zum Rücktritt aufgefordert bzw. nicht mehr zur Wiederwahl nominiert werden sollte.
	– Geschäfte zwischen der Gesellschaft und Organmitgliedern oder zwischen der Gesellschaft und sie kontrollierenden Aktionärinnen und Aktionären oder diesen nahestehenden Personen unterstehen in allen Fällen dem Grundsatz des Abschlusses zu Drittbedingungen, müssen im Gesellschaftsinteresse liegen und gegenüber dem Verwaltungsrat offengelegt werden. Sie werden unter Ausstand der Betroffenen beschlossen bzw. genehmigt. Nötigenfalls ist eine unabhängige Beurteilung anzuordnen.

Der Verwaltungsrat regelt die näheren Grundsätze für die Ad-hoc-Publizität und trifft Massnahmen zur Verhinderung von Verstössen gegen das Insiderrecht.	– Der Verwaltungsrat sorgt insbesondere dafür, dass während kritischer Zeitspannen, z. B. im Zusammenhang mit Übernahmeprojekten, vor Medienkonferenzen oder vor der Bekanntgabe von Unternehmenszahlen, geeignete Massnahmen (z. B. Handelssperrzeiten) bezüglich Käufen und Verkäufen von Effekten der Gesellschaft getroffen werden.

65

Anhang: Swiss Code of Best Practice 2023

Ausschüsse des Verwaltungsrats

Der Verwaltungsrat bildet Ausschüsse mit definierten Aufgaben.

- Der Verwaltungsrat setzt im Rahmen seiner Kompetenzen aus seiner Mitte Ausschüsse ein, welche bestimmte Zuständigkeitsbereiche vertieft beurteilen und den Verwaltungsrat bei der Erfüllung seiner Aufgaben unterstützen. Die Ausschüsse sorgen für eine umfassende Information des Gesamtverwaltungsrats in den von ihnen betreuten Bereichen. Nebst dem Prüfungs-, Vergütungs- und Nominationsausschuss können weitere Ausschüsse eingesetzt werden (z. B. in den Bereichen Corporate Governance, Nachhaltigkeit, Digitalisierung/Technologie, Innovation, Risiko und Anlagen oder auch Ad-hoc-Ausschüsse zur Beurteilung spezifischer Geschäfte).
- Der Verwaltungsrat ernennt, soweit dieses Recht nicht der Generalversammlung zusteht, die Mitglieder der Ausschüsse. Er ernennt die Vorsitzenden der Ausschüsse und bestimmt das Verfahren. Im Übrigen gelten auch für Ausschüsse sinngemäss die Regeln für den Verwaltungsrat.
- Es ist möglich, die Funktion mehrerer Ausschüsse zusammenzufassen, soweit dies zweckmässig ist und alle Ausschussmitglieder die entsprechenden Voraussetzungen erfüllen.
- Mittlere und kleinere Unternehmen können anstelle von Ausschüssen Einzelbeauftragte einsetzen oder die entsprechenden Aufgaben durch den Gesamtverwaltungsrat wahrnehmen lassen.
- Das Organisationsreglement und allfällige Ausschussreglemente stellen eine klare Kompetenzordnung im Verhältnis zwischen Ausschüssen und Gesamtverwaltungsrat sowie im Verhältnis zwischen Ausschüssen und zuständigen Managementfunktionen sicher. Im Rahmen der gesetzlichen Vorschriften können Ausschüssen einzelne Aufgaben zur definitiven Entscheidungsfindung zugeteilt werden.
- Die Ausschüsse können für wichtige Geschäfte auf Kosten der Gesellschaft eine unabhängige Beratung durch aussenstehende Sachverständige in Anspruch nehmen.
- Die Ausschüsse berichten dem Verwaltungsrat über ihre Tätigkeit und Entscheidungen.
- Die Ausschüsse können mit oder ohne Teilnahme von Mitgliedern der Geschäftsleitung oder anderen Mitgliedern des Managements Sitzungen abhalten. Sie sorgen dafür, dass die unabhängige Erfüllung ihrer Aufgaben und die eigenständige Bildung ihres Urteils gewährleistet bleiben.

Anhang: Swiss Code of Best Practice 2023

Prüfungsausschuss

Der Verwaltungsrat setzt einen Prüfungsausschuss («Audit Committee») ein.

- Der Prüfungsausschuss setzt sich aus unabhängigen Mitgliedern des Verwaltungsrats zusammen. Die Präsidentin bzw. der Präsident des Verwaltungsrats hat nicht zugleich den Vorsitz des Prüfungsausschusses inne.
- Die/der Vorsitzende und/oder die Mehrheit sind im Finanz- und Rechnungswesen oder in der Wirtschaftsprüfung praktisch erfahren. In komplexen Verhältnissen sollen zudem, je nach den Bedürfnissen und den Risiken des Unternehmens, weitere relevante Kompetenzen (z. B. aus den Gebieten Compliance, Risiko Management oder nichtfinanzielle Berichterstattung) vorhanden sein.

Der Prüfungsausschuss bildet sich ein eigenständiges Urteil über die externe und interne Revision, das interne Kontrollsystem sowie die finanzielle und nichtfinanzielle Berichterstattung.

- Der Prüfungsausschuss beurteilt periodisch die Leistung und Honorierung der externen Revision und formuliert Vorschläge zuhanden des Verwaltungsrats im Hinblick auf den (Wieder-)Wahlantrag an die Generalversammlung. Er leitet ein allfälliges Auswahlverfahren und stellt sicher, dass die Qualitätsmerkmale im Vordergrund stehen.
- Der Prüfungsausschuss vergewissert sich über die Unabhängigkeit der externen Revision und beurteilt die Angemessenheit der Amtsdauer. Er prüft die Vereinbarkeit der Revisionstätigkeit mit allfälligen Beratungsmandaten und legt fest, ab welcher Höhe des Beratungshonorars die vorgängige Zustimmung des Prüfungsausschusses notwendig ist.
- Der Prüfungsausschuss beurteilt die Wirksamkeit und Unabhängigkeit der internen Revision sowie deren Abstimmung mit der externen Revision.
- Der Prüfungsausschuss beurteilt auch das interne Kontrollsystem in der Gesellschaft bzw. im Konzern.
- Der Prüfungsausschuss geht die Jahres- und die Konzernrechnung sowie die weiteren zu publizierenden Finanzabschlüsse kritisch durch. Er bespricht die Abschlüsse mit dem Finanzchef und der Leiterin bzw. dem Leiter der internen Revision und mit der Leiterin bzw. dem Leiter der externen Revision. Der Prüfungsausschuss stellt dem Verwaltungsrat Antrag zur Vorlage der Jahres- und der Konzernrechnung an die Generalversammlung.
- Der Prüfungsausschuss setzt sich mit der Berichterstattung im Bereich der nichtfinanziellen Belange auseinander. Er verschafft sich dafür die erforderlichen Informationen.
- Der Prüfungsausschuss hat Zugang zu den relevanten internen Funktionen und dem Leiter der externen Revision. Er tauscht sich mit ihnen regelmässig aus, um seine Aufgaben sachkundig erfüllen zu können. Mindestens einmal jährlich findet dieser Austausch ohne Teilnahme des Managements statt (sogenannte «private sessions»).

Anhang: Swiss Code of Best Practice 2023

Vergütungsausschuss

Der Verwaltungsrat wird bei der Erfüllung der Aufgaben im Bereich der Vergütungen vom Vergütungsausschuss («Compensation Committee») unterstützt.

– Es wird auf das Kapitel «Festlegung der Vergütungen von Verwaltungsrat und Geschäftsleitung» verwiesen (Ziff. 35 ff.).

Nominationsausschuss

Der Verwaltungsrat setzt einen Nominationsausschuss («Nomination Committee») ein.

– Der Nominationsausschuss setzt sich mehrheitlich aus unabhängigen Mitgliedern des Verwaltungsrats zusammen.
– Der Nominationsausschuss legt Grundsätze und Kriterien für die Auswahl von Kandidatinnen und Kandidaten zur Zuwahl in den Verwaltungsrat bzw. für die Wiederwahl fest und bereitet die Auswahl nach diesen Kriterien vor.
– Dem Nominationsausschuss können auch Aufgaben im Zusammenhang mit der Auswahl, Beurteilung und Nachfolgeplanung von Kandidatinnen und Kandidaten für das oberste Kader zugewiesen werden.

Anhang: Swiss Code of Best Practice 2023

Umgang mit Risiken, Compliance und Finanzüberwachung (internes Kontrollsystem)

Der Verwaltungsrat sorgt für ein dem Unternehmen angepasstes internes Kontrollsystem, welches Risikomanagement, Compliance und Finanzüberwachung umfasst.

- Das interne Kontrollsystem dient dem Ziel, die Effektivität und die Effizienz der Geschäftstätigkeit (Operations), die Gesetzes- und Normenkonformität (Compliance) sowie die Verlässlichkeit der finanziellen und nichtfinanziellen Berichterstattung (Reporting) sicherzustellen.
- Das operative Management und die es unterstützenden Funktionen sorgen dafür, dass die Kontrollen gemäss den Vorgaben des Verwaltungsrats umgesetzt werden und dass sie wirksam sind.
- Die Ausgestaltung des internen Kontrollsystems hat der Grösse, der Komplexität und dem Risikoprofil des Unternehmens Rechnung zu tragen.

Risikomanagement

Das Unternehmen verfügt über ein angemessenes Risikomanagement. Der Verwaltungsrat nimmt eine regelmässige Risikobeurteilung vor.

- Das Risikomanagement umfasst namentlich strategische, operationelle, rechtliche und finanzielle Risiken sowie Marktrisiken bzw. Risiken für die Reputation des Unternehmens.
- Der Verwaltungsrat nimmt mindestens einmal jährlich eine Risikobeurteilung vor und berücksichtigt deren Ergebnis für seine Leitungs- und Aufsichtsaufgaben sowie für die Weiterentwicklung des internen Kontrollsystems.

Compliance und verantwortungsvolles Handeln

Der Verwaltungsrat ist dafür besorgt, dass das Unternehmen insgesamt Gesetze und interne Normen einhält (Compliance) und auch darüber hinaus verantwortungsvoll handelt.

- Der Verwaltungsrat ist im Rahmen seiner Oberaufsicht dafür besorgt, dass nicht nur seine Mitglieder, sondern das Unternehmen insgesamt, inklusive Management und Mitarbeitende, die Gesetze und internen Normen einhalten (Compliance) und dass auch darüber hinaus verantwortungsvoll gehandelt wird.
- Der Verwaltungsrat organisiert die Compliance nach den Besonderheiten des Unternehmens und erlässt geeignete Verhaltensrichtlinien. Er orientiert sich dabei an anerkannten Best-Practice-Regeln und beachtet die wichtige Rolle finanzieller wie nichtfinanzieller Anreize für Mitarbeitende und deren Vorgesetzte.[3]
- Die Geschäftsleitung trifft Massnahmen zur Einhaltung der Gesetze und internen Normen sowie für ein integres Geschäftsgebaren im Unternehmensalltag. Sie gewährt hierfür die erforderlichen personellen und finanziellen Ressourcen.

---

[3] Vgl. die von economiesuisse und SwissHoldings verfassten «Grundzüge eines wirksamen Compliance-Managements» vom September 2014.

Anhang: Swiss Code of Best Practice 2023

Finanzüberwachung

Der Verwaltungsrat sorgt für die Finanzüberwachung.	– Der Verwaltungsrat hat für eine zweckmässige Ausgestaltung von Rechnungswesen, Finanzkontrolle und Finanzplanung zu sorgen. – Der Verwaltungsrat überwacht die Zahlungsfähigkeit der Gesellschaft. – Der Verwaltungsrat genehmigt die Jahres- und Konzernrechnung zuhanden der Generalversammlung.

Das Unternehmen stellt sicher, dass die mit der Nutzung von Daten verbundenen Risiken beherrscht und sinnvoll begrenzt werden.	– Das Unternehmen stellt sicher, dass eine seiner Tätigkeit und seinen Risiken angemessene Governance für den Umgang mit Daten besteht. Diese soll es zum einen ermöglichen, den Wert der Daten für das Unternehmen und die Allgemeinheit zu nutzen. Die Daten-Governance soll zum andern sicherstellen, dass den gesetzlichen Anforderungen entsprochen und den Risiken im Umgang mit Daten Rechnung getragen wird. – Für weitergehende Regelungen zum Datenmanagement kann sich das Unternehmen beispielsweise am Grundbekenntnis der Schweizer Wirtschaft zu einem verantwortungsvollen Umgang mit Daten orientieren.[4]

Die interne Revision beurteilt die Wirksamkeit des internen Kontrollsystems.	– Der Verwaltungsrat richtet eine interne Revision ein und orientiert sich dabei an den anerkannten Berufsstandards. – Die interne Revision nimmt eine eigenständige und unabhängige Beurteilung der Wirksamkeit der vom Verwaltungsrat und der Geschäftsleitung eingerichteten Kontrollen sowie des internen Kontrollsystems vor. – Die interne Revision steht in direktem Austausch mit Geschäftsleitung und Verwaltungsrat. Sie erstattet der Geschäftsleitung und dem Verwaltungsrat oder dem Prüfungsausschuss Bericht. – Die interne Revision hat uneingeschränkten Zugang zu allen Bereichen und Informationen des Unternehmens. Interne und externe Revision stimmen sich in zweckmässiger Weise ab.

---

[4] Vgl. Grundbekenntnis der Schweizer Wirtschaft zu einem verantwortungsvollen Umgang mit Daten, economiesuisse, www.economiesuisse.ch/de/datenwirtschaft.

Anhang: Swiss Code of Best Practice 2023

Unabhängige externe Prüfungen

Die Revisionsstelle erfüllt als Organ die Aufgaben der externen Revision und kann gegebenenfalls für weitere Prüfleistungen mandatiert werden.

- Die gesetzliche Revisionsstelle wird von der Generalversammlung gewählt. Sie erfüllt als Organ die gesetzlich vorgeschriebenen Prüfungs-, Berichterstattungs-, Anzeige- und Auskunftspflichten.
- Die Revisionsstelle erhält alle Auskünfte, die sie für die Erfüllung ihrer Aufgaben benötigt. Sie wahrt Geschäftsgeheimnisse und das Geheimnis über ihre Feststellungen, soweit sie nicht von Gesetzes wegen zur Bekanntgabe verpflichtet ist.
- Die Gesellschaft kann für weitere gesetzlich verlangte Prüfungen (z. B. die Prüfung von Lohngleichheitsanalysen) oder freiwillige Prüfungen (z. B. die Prüfung von Nachhaltigkeitsberichten) die Revisionsstelle oder ein sonstiges Revisionsunternehmen mandatieren.

Qualitätssicherung und Unabhängigkeit der Revisionsunternehmen

- Die Revisionsstelle erfüllt die ihr vom Gesetz zugewiesenen Aufgaben gemäss den für sie geltenden Vorgaben und Richtlinien.[5] Sie stimmt sich mit der internen Revision in zweckmässiger Weise ab.
- Die Revisionsstelle hält sich an die für sie geltenden gesetzlichen und standesrechtlichen Vorgaben zur Unabhängigkeit.[6] Nach Ablauf von längstens sieben Jahren sorgt das Revisionsunternehmen für einen Wechsel bei der das Mandat der ordentlichen Revision leitenden Person und gewährleistet so auch bei langjährigen Mandaten die unabhängige Aufgabenerfüllung.

Offenlegung

Die Gesellschaft macht in ihrer Berichterstattung relevante und verlässliche Angaben zu finanziellen und nichtfinanziellen Belangen und zur Corporate Governance.

- Hinsichtlich der einzelnen Angaben gelten die gesetzlichen Bestimmungen, insbesondere des Börsenrechts und des Rechnungslegungsrechts, sowie die Richtlinie der SIX Swiss Exchange betreffend Information zur Corporate Governance.
- Die finanzielle Berichterstattung erfolgt nach anerkannten Rechnungslegungsstandards und wird von der Revisionsstelle geprüft.
- Die Berichterstattung über nichtfinanzielle Belange stützt sich auf die gesetzlichen Bestimmungen. Sie soll aber je nach Situation auch darüber hinausgehen können und orientiert sich dabei an international anerkannten Standards und Regelwerken. Die Berichterstattung soll verständlich und relevant sein. Auch die Berichterstattung über nichtfinanzielle Belange ist Teil der internen Kontrollen und kann durch eine unabhängige externe Prüfung gestärkt werden.
- Hinsichtlich der Offenlegung zur Umsetzung des «Swiss Codes» gilt das Prinzip, dass Abweichungen transparent zu machen und zu erklären sind («comply or explain»). Dies ermöglicht es, branchen- oder unternehmensspezifische Besonderheiten zu berücksichtigen. Gut begründete Abweichungen können im Interesse einer guten Unternehmensführung liegen.

---

[5] Die Zulassung und die Beaufsichtigung der Revisionsunternehmen obliegt im Rahmen der gesetzlichen Vorgaben der Eidgenössischen Revisionsaufsichtsbehörde (RAB).
[6] Vgl. Richtlinien zur Unabhängigkeit (RzU) von EXPERTsuisse (abrufbar unter www.expertsuisse.ch/reglemente).

Festlegung der Vergütungen von Verwaltungsrat und Geschäftsleitung

Die Rolle der Generalversammlung

Die Aktionärinnen und Aktionäre tragen die oberste Verantwortung für die Gesamtbeträge der Vergütungen des Verwaltungsrats und der Geschäftsleitung sowie die Zusammensetzung des Vergütungsausschusses.

- Der Verwaltungsrat entscheidet im Rahmen der gesetzlichen und statutarischen Vorgaben darüber, wie er die verschiedenen Abstimmungen und Wahlen in der Generalversammlung strukturiert und organisiert. Er strebt sachlich geführte Debatten und eine effiziente Entscheidfindung der Generalversammlung an.
- Die Präsidentin bzw. der Präsident des Verwaltungsrats oder die/der Vorsitzende des Vergütungsausschusses gibt an der Generalversammlung Erläuterungen ab zu den beantragten Vergütungen, zum Vergütungsbericht sowie zum Vergütungssystem und beantwortet Fragen.
- Der Verwaltungsrat pflegt auch in Bezug auf die Vergütungen den Dialog mit den Aktionärinnen und Aktionären entsprechend den allgemeinen Grundsätzen (Ziff. 8).

Die Rolle des Verwaltungsrats und des Vergütungsausschusses

Der Verwaltungsrat fasst Beschluss über die Vergütungspolitik, die grundsätzliche Ausgestaltung des Vergütungssystems und über die Vergütungsanträge an die Generalversammlung.

- Der Verwaltungsrat beschliesst im Rahmen der statutarischen Grundlagen eine Vergütungspolitik, welche die strategischen Ziele der Gesellschaft berücksichtigt. Er beschliesst über die grundsätzliche Ausgestaltung des Vergütungssystems für die Mitglieder des Verwaltungsrats und die Geschäftsleitung sowie über die Leitlinien für die Ausgestaltung der beruflichen Vorsorge für die exekutiven Mitglieder dieser Gremien.
- Der Verwaltungsrat beschliesst die jährlich der Generalversammlung zur Abstimmung vorzulegenden Gesamtbeträge für Verwaltungsrat, Geschäftsleitung und allenfalls Beirat und begründet diese in seinen Anträgen an die Generalversammlung auf nachvollziehbare Weise. Er kann dabei auch auf den Vergütungsbericht verweisen.
- Der Verwaltungsrat hält sich bezüglich der Festlegung individueller Entschädigungen an die Beschlüsse der Generalversammlung und an die statutarischen bzw. reglementarischen Vorgaben zur Kompetenzaufteilung zwischen ihm und dem Vergütungsausschuss. Er behält sich in der Regel die Festsetzung der Entschädigung der/des Vorsitzenden der Geschäftsleitung vor.

Der Vergütungsausschuss soll aus unabhängigen Mitgliedern des Verwaltungsrats bestehen.

- Der Verwaltungsrat beantragt der Generalversammlung unabhängige Mitglieder zur Wahl in den Vergütungsausschuss. Werden von Aktionärinnen und Aktionären Mitglieder vorgeschlagen, die nicht unabhängig sind, informiert der Verwaltungsrat die Generalversammlung über diesen Umstand.
- Der Verwaltungsrat beantragt der Generalversammlung keine Mitglieder zur Wahl in den Vergütungsausschuss, die in einer Kreuzverflechtung stehen. Eine solche liegt bei einem Ausschussmitglied vor, das über die Entschädigung eines Mitglieds des Verwaltungsrats oder der Geschäftsleitung mitbestimmt, unter dessen Aufsichts- oder Weisungsrecht in einem anderen Unternehmen tätig ist.
- Mitglieder des Verwaltungsrats, die bedeutende Aktionäre sind oder solche vertreten, können Mitglieder des Vergütungsausschusses sein.

Anhang: Swiss Code of Best Practice 2023

⓴

Das Vergütungssystem ist so ausgestaltet, dass es auf der Grundlage transparenter und nachvollziehbarer Kriterien die Ausrichtung von Vergütungen im Einklang mit dem nachhaltigen Unternehmensinteresse gewährleistet.

- Die Gesellschaft bietet markt- und leistungsgerechte Gesamtschädigungen an. Sie sollen es dem Unternehmen ermöglichen, Personen mit den erforderlichen Fähigkeiten und Eigenschaften zu gewinnen und zu behalten.
- Die Vergütungen stellen auf Kriterien ab, die auch für Dritte nachvollziehbar und auf die nachhaltige Erreichung der Unternehmensziele ausgerichtet sind. Der Verwaltungsrat kann die variable Vergütung an spezifische Compliance- und andere Nachhaltigkeitsziele knüpfen.
- Der Verwaltungsrat sieht die Ausrichtung aktienbasierter Vergütungen mit dem Ziel vor, die Interessen der obersten Verantwortungsträgerinnen und -träger mit den Interessen langfristig engagierter Aktionärinnen und Aktionäre möglichst in Übereinstimmung zu bringen. Dabei sind Erfahrungen und Entwicklungen auf den einschlägigen Märkten zu berücksichtigen.
- Das Vergütungssystem soll Erwerbs- und Haltefristen im Hinblick auf angemessene Beteiligungen festlegen, insbesondere für die obersten Verantwortungsträgerinnen und -träger.
- Das Vergütungssystem ist so ausgestaltet, dass die Gesamtentschädigung reduziert wird, wenn bestimmte Ziele nicht erreicht worden sind (Malus). Das Vergütungssystem kann überdies vorsehen, dass in den Verträgen mit den obersten Verantwortungsträgerinnen und -trägern über die gesetzlichen Bestimmungen hinaus die Rückforderung ausbezahlter Entschädigungen unter bestimmten Voraussetzungen vorbehalten wird (Clawback).

㊶

Das Vergütungssystem enthält in der Regel fixe und variable Teile. Es belohnt Leistungen, die auf eine mittel- und langfristige Zielerreichung ausgerichtet sind, mit erst später verfügbaren Entschädigungselementen.

- Vergütungen bestehen in der Regel aus sofort verfügbaren Teilen für die Erreichung kurzfristiger Ziele und aus während mehrerer Jahre aufgeschobenen bzw. gesperrten Teilen für die Erreichung mittel- oder langfristiger Ziele. Bei aufgeschobenen Vergütungsbestandteilen, die aktienbezogen sind, ist auf angemessene Leistungskriterien und eine sinnvolle Fristenkongruenz zu achten.
- Die Vergütungen für die exekutiv tätigen Personen bestehen in der Regel aus fixen und aus variablen Bestandteilen. Das Vergütungssystem ist so ausgestaltet, dass das Verhältnis von variablem Anteil und fixer Entschädigung zu einer gesamthaften Entschädigung führt, die im Einklang steht mit der Ausrichtung auf die nachhaltige Erreichung der Unternehmensziele.
- Die Vergütungen für nicht exekutiv tätige Personen bestehen in der Regel nur aus fixen Bestandteilen. Diese bestehen grundsätzlich aus Geldzahlungen und Aktienzuteilungen.

Anhang: Swiss Code of Best Practice 2023

Vergütungsbericht und Transparenz

Der Verwaltungsrat erstellt jährlich einen Vergütungsbericht und sorgt für Transparenz im Bereich der Vergütungen an die Mitglieder von Verwaltungsrat und Geschäftsleitung.	– Der Vergütungsbericht enthält die gesetzlich geforderten Inhalte und stellt darüber hinaus das Vergütungssystem und seine Anwendung im Geschäftsjahr dar. Aus dem Vergütungsbericht geht hervor, welche Vergütungen den Mitgliedern des Verwaltungsrats, der Geschäftsleitung insgesamt und ihrem höchstbezahlten Mitglied für das Geschäftsjahr zugesprochen wurden und warum diese Vergütungen im Geschäftsjahr gesunken oder gestiegen sind. – Der Vergütungsbericht zeigt die wesentlichen Kriterien, die für die Bemessung der variablen Vergütungselemente herangezogen worden sind, und die Bewertung von aktienbasierten Vergütungselementen nach dem anwendbaren Regelwerk. – Der Vergütungsbericht nennt die für Vergütungsfragen beigezogenen externen Beraterinnen und Berater und beschreibt die erstellten Vergleiche. – Der Vergütungsbericht zeigt überdies transparent auf, wie der Verwaltungsrat und der Vergütungsausschuss die im Voraus gefällten Vergütungsbeschlüsse der Generalversammlung im Geschäftsjahr umgesetzt haben. – Falls die Generalversammlung variable Vergütungen prospektiv genehmigt hat, legt der Verwaltungsrat den Vergütungsbericht der Generalversammlung zur Konsultativabstimmung vor.

Besondere Verhältnisse

Die Regeln des «Swiss Codes» können, je nach Aktionärsstruktur und Grösse des Unternehmens, den konkreten Verhältnissen angepasst werden.	– Bei Gesellschaften mit aktiv engagierten Grossaktionärinnen oder Grossaktionären (darin eingeschlossen an der Börse kotierte Tochtergesellschaften eines Konzerns) sowie bei mittleren und kleineren Unternehmen können Anpassungen oder Vereinfachungen vorgesehen werden. Solche Gesellschaften verwirklichen auf ihre Weise insbesondere eine zweckmässige Gestaltung der Beurteilung der externen Revision, ein funktionsfähiges internes Kontrollsystem, Entschädigungsgrundsätze für Verwaltungsrat und Geschäftsleitung sowie die Nachfolgeregelung im Verwaltungsrat. Sie berücksichtigen auch Grundsätze der Nachhaltigkeit in verhältnismässiger Weise. – Für börsenkotierte Gesellschaften bleibt der Grundsatz «comply or explain» anwendbar. – Der «Swiss Code» kann auch von Gesellschaften, die nicht Aktiengesellschaften sind, ganz oder in Teilen analog angewendet werden.

Der SCBP wird von economiesuisse und verschiedenen Trägerorganisationen herausgegeben. Die zuständige Redaktionskommission wurde von David Frick geleitet; Marius Klauser und Michèle Sutter-Rüdisser haben darin mitgewirkt. Die vollständigen Teilnehmerlisten sind im SCBP wiedergegeben.

Impressum

Diese Publikation erscheint in Deutsch, Französisch und Englisch.
Projektmitarbeit: MLaw Antonija Martinovic und Rechtsanwältin Anne-Cathrine Tanner, M.A. HSG, economiesuisse
Redaktion: Hannes Egger, economiesuisse
Gestaltung und Produktion: Wernlis, grafische Gestalter, Basel
Korrektorat: Alain Vannod, St. Gallen
Druck: DAZ Druckerei Albisrieden AG, Zürich
Herausgabe: Juli 2002; aktualisiert 2007, 2014, 2023

© economiesuisse 2023